«Ich hoffe, ich kann mit diesem Buch die Aufmerksamkeit der Öffentlichkeit darauf lenken, in welchem Maße die Polizei in Deutschland beständig am Limit arbeitet und warum das so ist. Nicht nur am Kölner Hauptbahnhof, sondern allgemein in Deutschland. Sowohl, was die personelle, als auch, was die materielle Ausstattung angeht – und damit letztlich die individuelle Ebene des einzelnen Polizisten oder der einzelnen Polizistin. Ihnen gegenüber fühle ich mich in der Pflicht, und nicht zuletzt für sie schreibe ich dieses Buch. Aber ich tue dies auch in der Hoffnung, nach all den fruchtlosen polizeiinternen Diskussionen über die Mängel und Unzulänglichkeiten ein größeres Publikum mit diesen Problemen vertraut zu machen. Ein Publikum, das, wie ich hoffe, willens und in der Lage sein wird, dieses Wissen in öffentlichen Druck umzumünzen. Denn eines ist gewiss: Etwas muss sich ändern bei der deutschen Polizei.»

Nick Hein, Jahrgang 1984, stand elf Jahre im Dienst der Bundespolizei. Die letzten drei davon verbrachte er bei der Dienststelle am Kölner Hauptbahnhof. Anfang 2015 beendete er seine Beamtenlaufbahn, um sich als Profi seiner MMA-Sportlehrerkarriere widmen zu können. Nick Hein gibt Seminare zur Selbstverteidigung und zur Bewältigung von Konfliktsituationen. Er pendelt zwischen Köln und Los Angeles.

Thilo Mardaus, Jahrgang 1964, studierte Japanologie, Philosophie und Südasiatische Geschichte in Heidelberg. Ab 2000 arbeitete er als festangestellter Autor bei Brainpool in Köln. Heute lebt er als freier Autor und Übersetzer in Köln.

Nick Hein
mit Thilo Mardaus

Polizei am Limit

Rowohlt Taschenbuch Verlag

Anmerkung: Die Zahlen und Statistiken in diesem Buch geben den Stand von Oktober 2016 wieder. Personen und Ereignisse wurden anonymisiert.

2. Auflage Januar 2017

Originalausgabe
Veröffentlicht im Rowohlt Taschenbuch Verlag,
Reinbek bei Hamburg, Januar 2017
Copyright © 2017 by Rowohlt Verlag GmbH,
Reinbek bei Hamburg
Umschlaggestaltung ZERO Werbeagentur, München
Umschlagabbildung BILD-Zeitung / Christian Knieps;
FinePic®, München
Satz aus der Minion PostScript, InDesign,
bei hanseatensatz-bremen, Bremen
Druck und Bindung CPI books GmbH, Leck, Germany
ISBN 978 3 499 63238 9

Inhalt

Vorwort – warum ich dieses Buch schreibe 7

Polizist werden – Anspruch trifft auf Wirklichkeit 21
    Einsatz am Hauptbahnhof – der Alltag 41
    Wie die kriminellen Nafris arbeiten 45
    «Nur weil ich Ausländer bin» 52
    Gestern verhaftet, heute schon wieder kriminell 64
    Flüchtlinge – alles Kriminelle? 74
    Brennpunkt Hauptbahnhof – die Frage nach den Schuldigen 92

Bedingt einsatzfähig – was die Arbeit der Polizei sabotiert 105
    Eine ruinöse Personalpolitik und ihre Folgen 106
    Veraltet und nicht angepasst – die Ausbildung 117
    Ausrüstungsmängel gefährden die Sicherheit 136
    Kein Empfang – wenn der Funk die Polizei im Stich lässt 148
    Erschöpft und frustriert – das Burnout-Problem 155

Und nun? Ein Nachwort 175

Epilog: An die Kollegen 189

Anmerkungen 191

Vorwort – warum ich dieses Buch schreibe

Silvester 2015 verbrachte ich mit meiner Frau und meinem kleinen Sohn auf der Insel Phuket in Thailand. Ich war nicht dort, um Urlaub zu machen. Etwas mehr als ein Jahr zuvor hatte ich meinen Job bei der Bundespolizei an den Nagel gehängt, um mich ganz meiner Karriere als Kampfsportler zu widmen. Auf Phuket befand sich das Trainingslager, in dem ich mich für die anstehenden Wettkämpfe in Mixed Martial Arts vorbereitete.

Den Silvesterabend feierte ich entspannt zusammen mit meiner Familie und den internationalen Trainingskollegen. Als ich am Neujahrsmorgen 2016 aufwachte und auf mein Smartphone schaute, entdeckte ich als Erstes die Nachricht eines Freundes aus Köln. Sie klang nach einem launigen Neujahrsgruß und bestand im Wesentlichen aus der scherzhaften Bemerkung: «Kaum bist du nicht mehr hier, drehen sie alle frei» – darunter der Link zu einer Eilmeldung.

Ich konnte mir keinen Reim darauf machen, folgte dem Link und begann zu lesen. Die Meldung handelte von Ereignissen, die sich angeblich in der vergangenen Nacht an meinem ehemaligen Einsatzort, dem Kölner Hauptbahnhof, abgespielt hatten. Was ich da las, klang allerdings so unglaublich, dass ich zunächst an eine der gezielten Falschmeldungen glaubte, mit der satirische Webseiten wie «Der Postillion» unsere moderne (Medien-)Welt aufs Korn nehmen. Ich schaute nach, woher die Eilmeldung stammte – die Quelle war seriös. Ich rief andere Nachrichtenportale auf und fand dieselbe Meldung. Offenbar war es die bittere Wahrheit: In der Silvesternacht war es im und in der Umgebung des Kölner Hauptbahnhofs während weniger Stunden zu zahlreichen sexuellen Übergriffen auf Frauen gekommen. Die offizielle Pressemitteilung der Kölner Polizei hatte am Neujahrsmorgen noch verkündet: «Ausgelassene Stimmung – Feiern weitgehend friedlich». Der Kölner Stadtanzeiger vermeldete tags darauf 30 Opfer und ca. 40 Tatverdächtige – eine erschreckend hohe Zahl.

Das sollte alles an dem Ort vorgefallen sein, an dem ich drei Jahre lang Tag für Tag auf Streife gewesen war und den ich in- und auswendig kannte? Sicher, der Hauptbahnhof ist ein hartes Pflaster. Es gibt dort Drogenhandel, Schlägereien, Diebstähle, auch Selbstmorde hatte ich dort während meiner Dienstzeit erlebt. Aber so etwas? Ich fühlte mich an das erinnert, was man häufig über die Opfer von Wohnungseinbrüchen liest: dass diese Menschen neben dem Verlust von materiellen Dingen vor allem unter dem – häufig als noch schwerwiegender empfundenen – Verlust ihrer Privatsphäre leiden. Allein der Gedanke daran, dass Fremde durch das eigene Heim gestapft sind und alles durchwühlt haben, hinterlässt tiefe Risse im Sicherheitsempfinden, in der privaten Idylle, in der man bisher gelebt hat.

Auch wenn der Vergleich weit hergeholt scheint und ich natürlich kein Opfer geworden bin: So habe ich mich gefühlt, als es um die Übergriffe am Hauptbahnhof ging. Das war mein Arbeitsplatz gewesen, waren meine Leute, mein Revier. Ich kannte die Menschen, die dort arbeiteten, alle Wege und Schleichwege, jedes Gleis, jede schmuddelige Ecke. Ich wusste, wie es dort riecht, wenn morgens in den Imbissbuden der Kaffee aufgebrüht wird, wie sich die Sonne auf der Haut anfühlt, wenn sie im Sommer durch das Dach scheint, und wo es das beste Schnitzelbrötchen im Bahnhof gibt. Das alles schien plötzlich in Mitleidenschaft gezogen. Man hatte in gewisser Weise auch meine Privatsphäre angetastet.

Gleich mein nächster Gedanke galt meinen ehemaligen Kollegen: Wer von ihnen hatte an jenem Abend wohl Dienst gehabt? Ob Franziska[1] oder Axel[2] das alles miterlebt hatten?

Noch bevor ich dazu kam, einen von ihnen zu kontaktieren, offenbarte sich nach und nach das ganze Ausmaß der Übergriffe in der Silvesternacht. Je mehr ich in den folgenden Tagen die Berichterstattung verfolgte, die schnell auch in den internationalen Medien ihr Echo fand, desto fassungsloser wurde ich. Die Zahl der gemeldeten Straftaten wuchs kontinuierlich an, bis sie die ursprünglich veröffentlichte Zahl um ein Vielfaches überstieg. Viele der betroffenen Frauen hatten erst im Laufe der folgenden Tage und Wochen Anzeige erstattet – zuletzt ermittelte die Polizei wegen rund 1600 Straftaten, davon 550 sexuelle Übergriffe. In 8 Fällen gehen die Ermittler von Vergewaltigungen aus, in 19 weiteren von Vergewaltigungsversuchen.[3]

Eines war schnell klar: Das hier überstieg in seinen Dimensionen alles bisher Dagewesene. Gruppen Hunderter junger Männer, die gezielt Jagd auf einzelne Frauen machten, sie isolierten und einkesselten, sie bestahlen, begrapschten und sogar vergewaltigten – das hatte es in dieser Form in Deutschland noch nie gegeben. Noch dazu mitten im Herzen einer Großstadt wie Köln, an einem stark frequentierten Ort und an einem Abend, an dem traditionell vonseiten der Polizei erhöhte Einsatzbereitschaft bestand. Trotzdem waren die eingesetzten Polizeikräfte offensichtlich nicht imstande gewesen, die Lage unter Kontrolle zu bekommen und die Übergriffe zu unterbinden. Was war da bloß geschehen?

Als Erstes hörte ich von meiner Exkollegin Franziska, mit der ich oft auf Streife gewesen war und mit der mich auch nach meinem Ausscheiden aus dem Polizeidienst immer noch eine Freundschaft verbindet. Franziska war tatsächlich in dieser Nacht am Bahnhof im Einsatz gewesen. Sie schickte mir weitere Links und schrieb dazu: «Traurig, was hier passiert ist! Das absolute Chaos!»

Ich war von ihrer Fassungslosigkeit überrascht, denn ich wusste, wie hart sie im Nehmen war. In dieser Nacht musste wirklich etwas gewaltig schiefgelaufen sein.

Bald verschob sich in den deutschen Medien der Fokus der Diskussion. Auf das Entsetzen über «die schreckliche Silvesternacht» und das Ausmaß der Straftaten folgte die naheliegende Frage nach den Verantwortlichen für das Desaster. Und die waren für viele schnell ausgemacht. Versagt hatte die Polizei, und zwar auf ganzer Linie. Ich war wenig überrascht, denn oft genug hatte ich es in meiner aktiven Dienstzeit selbst erfahren müssen: Die Polizei musste häufig als Prügelknabe herhalten, wenn beispielsweise bei Demos oder anderen Großveranstaltungen die Dinge außer Kontrolle gerieten. Sie hatte zu wenig Präsenz gezeigt oder zu viel, den militanten Teilnehmern zu viel durchgehen lassen oder unverhältnismäßig hart reagiert – je nach Couleur des jeweiligen Kommentators. Natürlich kann eine Polizeistrategie versagen oder es zu Fehlverhalten einzelner Beamter kommen. Natürlich muss man das genau in Augenschein zu nehmen. Für solche Fälle unterhält die Polizei eine eigene Abteilung (deren Ermittlungen bei den Kollegen zugegebenermaßen nicht immer auf Begeisterung stoßen).

Doch je mehr ich von meinen Exkollegen aus erster Hand über den Einsatz in dieser Nacht erfuhr, desto mehr verdichtete sich für mich der Eindruck, dass hier wieder einmal die Beamten an vorderster Front für ein Versagen verantwortlich gemacht wurden, dessen Wurzeln eigentlich viel weiter zurückreichen und dessen Auswirkungen in der Silvesternacht nun für alle Welt sichtbar wurden. Doch am bequemsten war es natürlich, die Gründe dafür allein aufseiten der Polizei zu suchen.

Dies tat auch der Innenminister der Landesregierung von NRW, Ralf Jäger, der damit jede Mitverantwortung von sich abwälzte und nach einer Woche den Kölner Polizeipräsidenten Wolfgang Albers in den vorzeitigen Ruhestand versetzte. Auf Facebook konnte ich verfolgen, wie meine Exkollegen mit völligem Unverständnis auf die Maßnahme des Innenministers reagierten. In ihren Posts tauchte in vielerlei Variationen immer wieder dieselbe Frage auf: «Warum werden hier nicht endlich die Fakten auf den Tisch gelegt?»

Ich kontaktierte einige der Exkollegen, deren Facebook-Einträge ich gelesen hatte, weil ich genauer wissen wollte, wie sich die Situation für die Beamten vor Ort dargestellt hatte. Auf meine Frage «Was hast du in der Silvesternacht erlebt?» begann die Antwort fast immer mit «Das kannst du dir nicht vorstellen» und «So was hat es noch nie gegeben!».

Mich erschreckte es, dass sich die Einschätzungen meiner Kollegen derart glichen und ihnen die Ereignisse der Silvesternacht so zu schaffen machten, obwohl ich sie als gestandene Polizisten kannte, die den alltäglichen Wahnsinn am Bahnhof meist mit Humor nahmen. Ihre Schilderungen bestätigten, was auch die Frauen berichtet hatten, die in jener Nacht Opfer der Übergriffe wurden: Die mutmaßlichen Täter waren offenbar zu einem überwiegenden Teil Migranten.[4] Für die Polizisten, die am Hauptbahnhof im Einsatz waren, gehörten sie einer altbekannten Tätergruppe an. Es handelte sich in der Mehrzahl um junge männliche Kleinkriminelle aus Ländern wie Algerien, Tunesien oder Marokko – die «Nafris», wie die Nordafrikaner im Polizeijargon genannt werden. Auch mich hatten sie über meine gesamte Dienstzeit am Hauptbahnhof hinweg begleitet, da sie dort die sehr aktive Szene der Taschendiebe bildeten.

Eines allerdings war diesmal auch für die Polizisten völlig neu: Niemals zuvor hatte es innerhalb von so kurzer Zeit – die Taten konzentrierten sich auf wenige Stunden – derart viele kriminelle Zugriffe in solch offenbar organisierter Form gegeben wie in dieser Nacht.

Die Polizeikräfte wurden von der schieren Anzahl der Täter und Straftaten schlichtweg überrollt. In einer Menschenmasse, die sich so dicht im Bahnhofsgebäude drängte, dass es laut vieler Zeugen kaum möglich war, auch nur von den Bahnsteigen kommend die Ausgänge zu erreichen, konnten die Täter ungestört agieren und ebenso leicht im unübersehbaren Chaos entkommen. Wenn einer der Kollegen die Meldung über eine Straftat erhalten hatte, wenn ihm eine der mitunter völlig verstörten Frauen einen Diebstahl oder einen sexuellen Übergriff anzeigte, war der Täter schon längst im Gewimmel verschwunden, ehe die Frau ihn zeigen und der Beamte ihm nachstellen konnte. Erschwerend kam hinzu, dass es für viele der Opfer unmöglich war, zu sagen, wer genau aus der Menge heraus sie bestohlen oder belästigt hatte.

Die Zahl der eingehenden Anzeigen war für die Polizisten unmöglich zu bewältigen. Während sie noch dabei waren, ein Delikt aufzunehmen, wurden sie schon von anderen Frauen bestürmt, denen Ähnliches geschehen war. Die Kollegen leiteten sie zur Dienststelle weiter, aber auch dort herrschte ein völliges Durcheinander.

Als ich mit Franziska per Skype über diese schlimmen Stunden sprach, veränderte sich ihr Gesichtsausdruck, als sie von ihrem Kontakt mit den Opfern erzählte. Viele von ihnen hatten sich in einem Schockzustand befunden und waren völlig aufgelöst. Das Schlimmste, meinte Franziska, sei das Gefühl vollkommener Ohnmacht gewesen: Polizistin zu sein und nicht helfen zu können. Wenn es überhaupt eine Täterbeschreibung gab, traf sie in der Regel auf etwa 80 Prozent derjenigen zu, die in dieser Nacht den Bahnhof bevölkerten: dunkelhaarig, jung, arabisch aussehend. Mindestens ebenso sehr wie die Tatsache, dass sie nicht hatte helfen können, bedrückte Franziska, wie die allgemeine Stimmung sich aufgrund der Berichterstattung in den Medien auf einmal gegen die Polizei richtete. «Wenn du in den Tagen danach am Bahnhof auf Streife warst, hattest du das Gefühl, alle würden dich verächtlich angucken und denken: Schau mal, das ist auch eine von denen!», erzählte sie mir. Manche Passanten ließen sich zu Bemerkungen hinreißen wie: «Na, wärt ihr mal auch an Silvester zur Stelle gewesen!» – etwas, das schwer zu ertragen war, wenn man tatsächlich in dieser Nacht Dienst getan hatte.

Die Schlange der Geschädigten reichte Silvester von den Diensträumen bis hinaus ins Bahnhofsgebäude. Wenn wir von Diensträumen reden, sind das übrigens eine Reihe ehemaliger Lagerräume, die die Deutsche Bahn der Bundespolizei zur Verfügung gestellt hat und die zur Polizeiwache umgebaut worden sind. Nach außen durch eine Stahltür gesichert, liegen im Erdgeschoss die sogenannte Schleuse, ein Durchsuchungsraum, zwei Arrestzellen und ein etwa 20 Quadratmeter großer Dienstraum, in dem die Beamten Anzeigen aufnehmen oder Personalien überprüfen. Am Ende eines verwinkelten Ganges, der zu den Arrestzellen führt, befindet sich ein weiterer Bearbeitungsraum. Die Räumlichkeiten sind sehr beengt, verwinkelt und komplett fensterlos, ein schlecht funktionierendes Lüftungssystem sorgt bestenfalls für eine Ahnung von frischer Luft. Tageslicht – Fehlanzeige.

Diese Dienststelle erfüllt ihren Zweck, wenn man es mit

einer begrenzten Anzahl von Geschädigten und Hilfesuchenden zu tun hat. In der Silvesternacht jedoch drängelten sich Massen von Menschen vor der Eingangstür und in der Schleuse.

Unter den Wartenden kam es zu Tumulten, weil jeder verständlicherweise als erster Anzeige erstatten wollte, sodass die Beamten zwischenzeitlich den Wartebereich komplett räumen mussten, um überhaupt noch einen einigermaßen geregelten Ablauf zu gewährleisten.

Ich habe in meinen Jahren als Polizist am Hauptbahnhof kein einziges Mal eine vergleichbare Situation erlebt, in der sich so viele Menschen zur selben Zeit in der Dienststelle befunden hätten. Selbst wenn es in dieser Nacht einem Kollegen gelungen war, einen einzelnen Tatverdächtigen dingfest zu machen, kam er kaum mit ihm bis zum Haupteingang der Dienststelle durch. Später waren die Beamten sogar gezwungen, den Notausgang zu benutzen, um die Dienststelle überhaupt betreten oder verlassen zu können.

Diese völlige Überlastung der Beamten war es möglicherweise, die zum Eindruck einiger Frauen geführt haben mag, die Polizei habe sich nicht wirklich für ihr Anliegen und ihre Not interessiert. Ich kann hier nur für mich sprechen, bin mir aber sicher, dass dies auch für die überwiegende Mehrzahl meiner Kollegen gilt: Es wäre für mich unvorstellbar gewesen, das Opfer eines Verbrechens gleichgültig abzufertigen und sich selbst zu überlassen. Menschen zu schützen und ihnen zu helfen – eben darum sind wir schließlich Polizisten geworden. Das Albtraumhafte dieser Kölner Silvesternacht bestand für die diensthabenden Beamten eben in der Unmöglichkeit, die Flut an Hilfesuchenden zu bewältigen und der Masse an potenziellen Straftätern und Straftaten auch nur ansatzweise nachzugehen. Vielen macht dieses Gefühl der Ohnmacht bis heute schwer zu schaffen. Um die Worte eines Exkollegen zu zitieren: «Das war die schlimmste Nacht aller Zeiten!»

Etwa zehn Tage nach den Silvesterübergriffen von Köln erreichte mich über meine Facebook-Seite die Frage eines MMA-Fans, wie ich mich in der Diskussion eigentlich positionieren würde. Eine Frage, die mich ins Mark traf.

Seit Tagen hatte ich darüber nachgedacht, ob meine Meinung zu diesem heiß diskutierten Thema überhaupt zählte. Mittlerweile hatte sich fast jeder meiner Kontakte auf Facebook dazu geäußert, mancher mehr, mancher weniger sachlich. Was sollte ich schon groß dazu sagen? Ich, der ich seit einem Jahr aus dem aktiven Dienst der Bundespolizei ausgeschieden war? Ich war ja nicht vor Ort gewesen, und die Geschichten, die man mir zutrug, schienen teilweise so unglaublich, dass ich zunächst zögerte, mir auf ihrer Basis eine Meinung über die Ereignisse zu bilden.

Doch ich war wütend. Wütend darüber, was passiert war. Wütend darüber, wie mit dem Thema in der Öffentlichkeit umgegangen wurde. Und wütend darüber, wer hier zum Sündenbock gemacht und was dabei unter den Tisch gekehrt wurde.

Ich beschloss, ein Statement auf meiner Facebook-Seite zu posten, und schrieb mir den ganzen Frust von der Seele, während ich in Gedanken bei den Kollegen war, die mir immer den Rücken freigehalten hatten und denen ich mich noch heute eng verbunden fühle.

Ich nahm kein Blatt vor den Mund und brachte unverhohlen die Fakten zur Sprache. Auch als es um die Herkunft unserer Intensivtätergruppe ging. In der öffentlichen Diskussion war der Begriff «Nafri» noch nicht gefallen, aber meine ehemaligen Kollegen wiesen mich darauf hin, dass auch an diesem Silvester vieles, was aus dem Ruder gelaufen war, auf das Konto dieser altbekannten Tätergruppe aus den nordafrikanischen Staaten ging.

Während ich schrieb, las ich mir immer wieder die fertigen Passagen durch, denn ich wollte unbedingt vermeiden, dass dieser Text von den falschen Leuten in den falschen Kontext gestellt würde: Mittlerweile wurden die Übergriffe von den Rechten instrumentalisiert, um gegen die Flüchtlinge, die seit September ins Land strömten, Stimmung zu machen. Besonders die Eingrenzung der Intensiv-Tätergruppe auf den nordafrikanischen Raum bereitete mir Bauchschmerzen, auch wenn es sich um eine Tatsache handelte. Die Gefahr, mit dieser Information die falschen Signale zu setzen, schien mir doch sehr groß. Mir lag dennoch daran, einen möglichst klaren Blick auf das zu werfen, was in jener Silvesternacht von Köln passiert war – und vor allem, warum. Es war letztlich meine Frau, die mich ermunterte und sagte: «Wenn es so ist, dann sollten die Leute das auch wissen!»

Also kopierte ich den Text auf meine Facebook-Seite und drückte nach einem letzten Zögern auf «Posten».

Ich war elf Jahre Polizist der Bundespolizei. Die letzten drei Jahre meiner Dienstzeit verbrachte ich mit den Polizistinnen und Polizisten der Bundespolizeiinspektion Köln Hauptbahnhof. Das sind die Kollegen, die jetzt im Kreuzfeuer der Öffentlichkeit stehen. Der Hauptbahnhof ist ein besonderer Ort, mit besonderen Menschen, der besondere Polizisten braucht: Schichtdienst, bei Wind und Wetter draußen, ständig unterbesetzt. Am Hauptbahnhof bekommt man es mit besonderen Abgründen zu tun: Drogenschicksale, organisierter Diebstahl, Asyl und Suizid – Bahnhofspolizisten müssen das wegstecken. Der Umgangston ist ein anderer als zum Beispiel am Flughafen, und der ist auch nötig, sonst wird man schon mal «nicht verstanden». Nicht verstanden habe aber auch ich einige Dinge nicht: Warum tut man jetzt so, als habe es vorher Diebstähle und Übergriffe nicht oder nur vereinzelt gegeben? Das mit Abstand größte Kriminalitätsphänomen am Kölner Hauptbahnhof ist der Taschendiebstahl. Wir haben an manchen Tagen 20–30 Diebstähle aufgenommen. Es war fast immer die gleiche Tätergruppe: Nordafrikaner im Asylverfahren. (...) Wie kann ein Asylbewerber, während sein Antrag geprüft wird, Straftaten begehen, ohne Angst zu haben, ausgewiesen zu werden? (...)

Was ich auch nicht verstanden habe, ist die permanente Sparpolitik des Bundes, wenn es um die Kapazität der Bundespolizei geht. Am Bahnhof Köln waren wir zehn einsatzfähige Polizisten für den gesamten Bahnhof und Umgebung. Wir haben dort nur zwei Gewahrsamszellen. Bei drei Tätern muss also eine Autostreife die Täter ins Polizeipräsidium fahren – und schon fehlen zwei Kollegen am Bahnhof.

An Silvester kamen meist noch Kräfte der Hundertschaft hinzu. Da zu dieser Zeit allerdings überall in Köln Polizeipräsenz gefragt ist, war diese Unterstützung immer begrenzt.

Ich habe gelesen, dass man Silvester von tausend Tätern ausgeht. Nun wirft man der Polizei vor, sie habe diesen Mob nicht unter Kontrolle bekommen. Es scheint ein bewährtes Mittel der Politik zu sein, bei eigenem Komplettversagen einen Dummen ausfindig zu machen, damit die Medien mit dem Finger auf ihn zeigen können. Es scheint so, als sei der Dumme im Polizisten gefunden: Versuchen wir es mit Deeskalation, haben wir versagt, greifen wir durch, spricht man von Polizeistaat. Ich widerspreche dem vehement. Ich widerspreche auch Menschen, die grundsätzlich gegen Asyl sind. Ich bin Polizist geworden, um Menschen zu helfen, die Hilfe benötigen. Aber wenn wir unsere Demokratie und unsere Zivilgesellschaft und, am wichtigsten, die freiheitlich demokratische Grundordnung erhalten wollen, dann sollten Verstöße gegen diese Prinzipien konsequent geahndet werden und ein Aufnahmeverfahren entscheidend beeinflussen. Ansonsten macht sich unser Rechtssystem lächerlich. Genauso lächerlich sind die Beschuldigungen der pflichtbewussten Polizisten. Und die verallgemeinerte Hetze gegen Asylbewerber.

Keine Stunde nachdem ich den Text hochgeladen hatte, war der Beitrag bereits von 20 000 Leuten gelikt worden, und die Hälfte von ihnen hatte ihn auf ihrer Chronik geteilt. Ein großes Medieninteresse folgte. Ich war überwältigt, nicht zuletzt, weil es um ein ernstes politisches Thema ging und ich auf diesem Parkett bisher noch keine Erfahrungen gesammelt hatte. Natürlich kannte ich mich mit den Abläufen am Hauptbahnhof als Bundespolizist aus, aber ich war nicht selbst Silvester im Dienst gewesen und konnte mich nur auf die Gespräche mit den Kollegen stützen.

Schnell wurde das Thema auch polizeiintern zum Politikum, und mir dämmerte, auf welch schmalem Grat ich hier unterwegs war. Das bestätigte mir auch ein Exkollege, den ich kurz nach meiner Rückkehr nach Deutschland auf der Domplatte traf.

«Du hast unsere Rückendeckung», sagte er zu mir. «Wir stehen hinter dir, aber du musst aufpassen. Der Führungsebene gefällt das gar nicht, was du da sagst!»

Seine warnenden Worte setzten sich in meinen Gedanken fest, und ich sollte noch des Öfteren in dieser Woche an sie erinnert werden, denn auch andere meiner ehemaligen Kollegen informierten mich diskret, dass man im Hintergrund sehr genau verfolge, wie ich mich in den Medien äußerte. War ich zu weit gegangen?

Gleichzeitig erinnerte ich mich an die endlosen Litaneien unter Kollegen, wenn wir uns wieder einmal gemeinsam über die unzumutbaren Rahmenbedingungen unseres Jobs aufregten, wie zum Beispiel die absurden Abläufe bei Strafverfahren, die dafür sorgten, dass wir es immer wieder mit denselben Straftätern zu tun hatten, die mit Strafandrohungen schon längst nicht mehr zu beeindrucken waren. Wie oft war dann der Satz gefallen: «Die da oben interessiert das eh nicht. Die sind so weit von der Realität entfernt, das wird sich nie ändern.» Wie oft hatten wir uns über die Funktionsuntüchtigkeit unseres Funks beschwert und über den Zustand unserer Dienststelle. Geändert hat sich nie etwas. Oder wie es mein Exkollege Axel auszudrücken pflegte: «Der Verschleiß geht so lang weiter, bis der Laden hier zusammenbricht.»

Ich hatte das anfänglich für Schwarzmalerei gehalten, bis auch ich merkte, dass der Kampf gegen Windmühlen immer mehr zur Routine wurde. Man wusste, dass die Zustände zum Teil untragbar waren und die Arbeit der Polizisten erheblich behinderten, wenn nicht gar völlig sabotierten. Aber mit der Zeit machte sich keiner mehr die Mühe, diese Missstände offen beim Namen zu nennen. Das Beste, was einem passieren konnte, war, dass man damit auf taube Ohren stieß. Wenn man Pech hatte, konnte man sogar eine Menge Ärger kriegen. Und im Zeitalter der Social Media genügt schon eine unbedachte Aussage im Netz, um sich ein Disziplinarverfahren einzuhandeln oder sogar die Kündigung.

Ich verstand die Zurückhaltung der Polizisten deshalb nur zu gut. Wenn es um die eigene Existenz geht und man eine Familie zu versorgen hat, überlegt man es sich zweimal, seine soziale und finanzielle Sicherheit aufs Spiel zu setzen, indem man Missstände anprangert, die sich dadurch vermutlich nicht zum Besseren wenden werden. Ich verstand es so gut, weil ich in derselben Misere gesteckt und genauso wenig mit der Faust auf den Tisch gehauen hatte. Aber welchen verdammten Grund hatte ich eigentlich jetzt, mich wieder davor zu drücken?

Und so entstand dieses Buch. Ich hoffe, ich kann damit die

Aufmerksamkeit der Öffentlichkeit darauf lenken, in welchem Maße die Polizei in Deutschland beständig am Limit arbeitet und warum das so ist. Nicht nur am Kölner Hauptbahnhof, sondern allgemein in Deutschland. Sowohl, was die personelle, als auch, was die materielle Ausstattung angeht – und damit letztlich die individuelle Ebene des einzelnen Polizisten oder der einzelnen Polizistin. Ihnen gegenüber fühle ich mich in der Pflicht, und nicht zuletzt für sie schreibe ich dieses Buch. Aber ich tue dies auch in der Hoffnung, nach all den fruchtlosen polizeiinternen Diskussionen über die Mängel und Unzulänglichkeiten ein größeres Publikum mit diesen Problemen vertraut zu machen. Ein Publikum, das, wie ich hoffe, willens und in der Lage sein wird, dieses Wissen in öffentlichen Druck umzumünzen. Denn eines ist gewiss: Etwas muss sich ändern bei der deutschen Polizei.

Polizist werden – Anspruch trifft auf Wirklichkeit

Drei Jahre war ich als Bundespolizist am Kölner Hauptbahnhof stationiert und habe dort gelernt, wie Polizeiarbeit an einem Knotenpunkt in einer deutschen Großstadt funktioniert. Genauso habe ich erfahren, was nicht funktioniert und nicht funktionieren kann, solange die Rahmenbedingungen nicht gegeben sind, die für eine erfolgreiche Polizeiarbeit nötig sind. Als ich 2014 vor der Wahl stand, entweder weiter Polizist zu bleiben oder meine Karriere als Mixed-Martial-Arts-Kämpfer weiterzuverfolgen, traf ich eine Entscheidung und sagte dem Polizistenberuf adieu – nicht zuletzt deshalb, weil ich diese Rahmenbedingungen nicht mehr erfüllt sah und das, warum ich den Beruf einst gewählt hatte, nicht mehr umsetzen konnte.

Solange ich denken kann, wollte ich Polizist werden. Als Grundschüler spielten wir in den Pausen immer ein Fangspiel mit zwei Teams, den Verbrechern und den Polizisten, bei dem der gesamte Schulhof unser Revier war und die Mauer der Schule das Gefängnis, in dem die Häftlinge darauf warteten, von ihren Komplizen befreit zu werden. Meine Freunde und ich waren die Polizisten, und wir spielten unsere Rollen mit solchem Engagement, dass mein Vater für unser Team «Dienstausweise» druckte. Auf den Ausweisen standen hochoffiziell der Name und der Dienstrang jedes Einzelnen. Ich war natürlich der Polizeipräsident.

Meine Eltern haben mir als Kind grundlegende Werte wie

Fürsorge, Nachsicht und Gerechtigkeit vermittelt, und wenn ich mir heute als Erwachsener manchmal selbst über die Schulter schaue und mich dabei erwische, gegen diese Werte zu verstoßen, dann rudere ich sofort beschämt zurück. In solchen Momenten spüre ich, wie tief das, was mir von zu Hause mitgegeben wurde, in meiner DNA verankert ist. Doch sehr früh wuchs in mir auch ein Bewusstsein dafür, dass ich in einer Welt lebe, in der das, was ich als gut, richtig und gerecht erkannt habe, auch durchgesetzt und verteidigt werden muss.

Zu behaupten, diese hehren Motive allein wären der Grund gewesen, Polizist zu werden, wäre aber nur die halbe Wahrheit. Mich lockte auch der Gedanke an die Spannung, die Action, die ich mit dem Polizistsein verband.

Mit Begeisterung verfolgte ich die US-Serie *21-Jumpstreet*, in der junge Beamte als Undercover-Ermittler an amerikanischen Schulen gegen jugendliche Straftäter ermittelten. So cool wollte ich auch sein. Mein absolutes Idol war jedoch Eddie Murphy in dem Film *Beverly Hills Cop*. Das war ein Polizist nach meinem Geschmack: gerecht, gewitzt, schlau und nicht auf den Mund gefallen. Wenn andere nicht mehr weiterwussten, hat er erst angefangen zu ermitteln. Er war ein Cop, der unbeirrt gegen den Strom schwamm und damit Erfolg hatte. Ich dachte: «Wow, was für ein Typ!»

Dass dieses Hollywood-Bild eines Polizisten, das mich durch meine Jugend begleitet hatte, gravierend von der Realität abwich, war mir natürlich bewusst, als ich mich Jahre später bei der Bundespolizei bewarb. Schon der gesunde Menschenverstand legt nahe, dass eine Verfolgungsjagd durch die Innenstadt à la *Bad Boys 2*, mit Maschinengewehren und Millionenschaden, nicht der wahre Alltag der Gesetzeshüter sein kann. Man tritt nicht jeden zweiten Tag Türen ein und schreit «Freeze!». Und die Situationen, in denen man in Zeitlupe mit zwei Kanonen in der Hand von einer Druckwelle aus dem Zentrum einer Explosion hinauskatapultiert wird, halten sich ebenfalls in Grenzen.

Im realen Polizeidienst wird einem schnell klar, dass der Rahmen, in dem man sich bewegt, ein sehr enger ist. Es gibt das Gesetz auf der einen und Form- und Dienstvorschriften auf der anderen Seite. Das ist dein Bewegungsspielraum. Das Gesetz zu biegen, es à la Eddie Murphy sogar hier und da zu brechen oder Tugenden wie Pünktlichkeit gegen flotte Sprüche auszutauschen ist undenkbar. Als Polizist bist du Teil einer Einheit und kein einzelner «Cop», der sich Extratouren leisten und einfach sein Ding durchziehen kann.

Genauso undenkbar ist es, wie die Protagonisten der Filmstreifen mit allem durchzukommen, was man anstellt, ohne sich ein einziges Mal dafür verantworten zu müssen. Die besagte Szene in *Bad Boys 2*, in der Will Smith und Martin Lawrence nur knappe zehn Minuten brauchen, um während einer Verfolgungsjagd halb Miami zu zerstören, ist legendär. Am Ende müssen sie zwar zum Chef, um sich ihre berechtigte Schelte abzuholen, aber bis auf den Tobsuchtsanfall, den ihr Vorgesetzter zur Freude der Zuschauer vom Stapel lässt, bleiben die Aktionen der beiden ohne Konsequenzen.

Wäre so etwas auch nur annähernd in der Wirklichkeit passiert, würden die beiden «Bad Boys» wahrscheinlich heute noch an ihrem Rechtfertigungsbericht schreiben und hätten den Überblick über ihre Disziplinarverfahren längst verloren. Noch wahrscheinlicher aber säßen sie für längere Zeit im Gefängnis.

Die beiden Dinge, die man mir als Erstes im realen Streifendienst beibrachte, hatten jedenfalls wenig mit der aufregenden Welt eines Hollywood-Blockbusters zu tun. Aber sie prägen den Alltag eines deutschen Polizisten von Grund auf.

Erstens: Wer schreibt, der bleibt. Alles bedarf eines Berichts. Es gibt keinerlei polizeiliches Handeln ohne ihn. Berichte bekommen Vorgangsnummern, und diese sind Tätigkeitsnachweise. Jede deiner Handlungen wird wie in einem Diensttagebuch dokumentiert. An manchen Tagen fühlst du dich mehr als Sekretär denn als Gesetzeshüter. Deine Dienstwerkzeuge sind dann nicht die P30-Halbautomatik, der Camlock-Schlagstock oder die Action-4–9mm-Patronen, sondern Tastatur, Tipp-Ex und HP-Office-Jet-Druckerpatronen.

Zweitens: Sieh zu, dass du dich absicherst. Du musst deinen Vorgesetzten immer über dein Handeln informieren. Bevor du eine Entscheidung triffst, musst du dir hundertprozentig sicher sein – oder vorsichtshalber einen Kollegen fragen. Wenn du einen Bericht schreibst, schreibe ihn lieber penibel genau, damit du dich nachher vor Gericht nicht für Nachlässigkeiten verantworten musst.

Als Polizist sollst du eine Vorbildfunktion in Sachen Tugendhaftigkeit und Gesetzestreue übernehmen – für den Bürger ebenso wie für den Anwalt vor Gericht oder für die Richter. In weitaus größerem Maße als viele andere Berufe sind Polizisten der Beobachtung und Kontrolle durch Öffentlichkeit, Politik und Medien ausgesetzt – zweifellos eine der Errungenschaften einer demokratischen Zivilgesellschaft, die durch klar umrissene Dienstvorschriften und Gesetze Polizeiwillkür verhindern hilft. Auch wenn dadurch der Polizeialltag manchmal erschwert wird, ist es begrüßenswert, dass an die Polizei entsprechend strenge Maßstäbe angelegt werden.

Fehler oder Fahrlässigkeit eines Uniformträgers sind für Außenstehende nur schwer tolerierbar. Ich werde nicht vergessen, wie diebisch sich zum Beispiel die Online-Community gefreut hat, als im Internet das Foto eines am Steuer telefonierenden Polizisten aufgetaucht ist. Selbst Rechtschreibfehler in einem Polizeibericht werden von einem Strafverteidiger vor Gericht schon mal mit Fahrlässigkeit im Dienst gleichgesetzt, und im Nu ist deine Glaubwürdigkeit als Ganzes in Frage gestellt.

Die Gesellschaft erwartet von der Polizei – zu Recht – Verlässlichkeit, Integrität und Einsatzbereitschaft. Polizeiarbeit hat perfekt zu sein; sie ist quasi das Synonym für «Fehlerlosigkeit». Polizisten machen keine Fehler, und schon gar nicht in aller Öffentlichkeit. Daraus erwächst der Anspruch an sich selbst, dieser hohen Verantwortung gerecht zu werden, indem man in jeder Situation mit äußerster Professionalität handelt und menschliches Versagen ausschließt. Das ist natürlich ein unerreichbares Ideal, von dem sich gleichwohl viele Polizistinnen und Polizisten auf subtile Weise unter Druck gesetzt fühlen und an dem sie angesichts der immer unwürdigeren Arbeitsumstände zwangsläufig scheitern müssen. Denn auch wir Polizisten sind nur Menschen mit unseren Stärken und Schwächen. Wir sind Normalos, ein Querschnitt der Gesellschaft. Und wie in jedem Beruf gibt es bei uns die unermüdlich Engagierten, diejenigen, die ihren Beruf als Polizisten lieben und ihn zum Wohle der Allgemeinheit ausüben wollen, aber auch die Resignierten und Frustrierten und manchmal leider auch Menschen, die ihre Position zu missbrauchen versuchen. Hier müssen wir alle, Polizei wie Bürger, wachsam bleiben. Denn die Polizei muss nicht nur effektiv sein. Sie muss immer auch ein Teil der Gesellschaft bleiben, für deren Sicherheit sie sorgt.

Und wie ging es bei mir weiter? Anfang 2007 bin ich, nach Abschluss meiner Ausbildung bei der Bundespolizei, in den aktiven Dienst eingetreten. Bei der Wahl zwischen Landes- und Bundespolizei hatte für mich letztlich das Angebot der Bundespolizei den Ausschlag gegeben, parallel an einem Sportprojekt teilnehmen und meine Karriere als Judo-Kämpfer weiterverfolgen zu können. Mein Traum war es, danach eine Stelle als Kontroll- und Streifenbeamter zu ergattern. Hochmotiviert und gespannt wartete ich 2010 auf die Nachricht, wo mein künftiger Einsatzort sein würde. Und man schickte mich – in den Passkontrollbereich des Düsseldorfer Flughafens.

Passkontrollen waren nicht gerade das, was ich mir vorgestellt hatte, als ich mich für eine Laufbahn bei der Bundespolizei entschied. Ich wollte «auf die Straße», dorthin, wo das Leben pulsierte, wo ich mit meiner Arbeit etwas bewirken konnte, anstatt stundenlang in einer Box zu sitzen und die Pässe ankommender Reisender zu kontrollieren. Meine Aufgabe bestand aus dem ereignislosen Streifegehen auf dem Vorfeld, dem Stempeln von Pässen und vor allem darin, Schreibkram zu erledigen und Berichtsformulare auszufüllen – also all das, was im gewöhnlichen Streifen- und Ermittlungsdienst eher unter «lästige Pflichten» verbucht wird. Da kann man sich schon mal fragen, ob man an der richtigen Stelle gelandet ist.

Umso glücklicher war ich, als nach einem Jahr mein langgehegter Wunsch in Erfüllung ging und ich an den Kölner Hauptbahnhof versetzt wurde. Den Berichten dienstälterer Kollegen zufolge, die dort stationiert gewesen waren, gibt es kaum einen Einsatzort, der mit diesem vergleichbar ist. Der Hauptbahnhof bietet alles und fordert alles, was einem Polizisten an Kenntnissen und Einsatzbereitschaft zur Verfügung steht. Allein der stete Strom von Pendlern und Reisenden und die Vielzahl an Ladengeschäften machen ihn zu einem kleinen Mikrokosmos in der Mitte der Stadt. An diesem Durchgangsort, den täglich Zehntausende von Menschen aus allen Schichten der Gesellschaft passieren – und der seine eigene Sorte zwielichtiger Gestalten anzieht –, kann man zeigen, aus welchem Holz man geschnitzt ist.

Alles, was ich über den Dienst am Hauptbahnhof hörte, bestärkte mich in dem Gefühl, dass dies der Ort ist, der aus einem Novizen einen «richtigen» Polizisten macht.

Die ersten Tage gestalteten sich tatsächlich weitgehend so, wie ich es mir erhofft hatte. Ich war mit wechselnden Kollegen auf Streife unterwegs und hatte das Gefühl, endlich all das einsetzen zu können, was ich auf der Polizeischule gelernt hatte. Routinetätigkeiten, wie einen Funkspruch für eine Personenkontrolle abzusetzen oder auf der Basis einer Täterbeschreibung den Bahnhof abzusuchen, gingen mir schnell in Fleisch und Blut über. Ich war überzeugt, am richtigen Fleck gelandet zu sein.

Doch es dauerte keine Woche, bis ich meine erste kalte Dusche bekam. Denn der Hauptbahnhof sollte mir eine Lektion erteilen. Eine Lektion, die ich nicht so schnell vergessen sollte, lehrte sie mich doch zugleich einiges über meine eigenen Grenzen – und dass hehre Vorsätze manchmal nicht ausreichen, um auch gut zu handeln.

Es war die Spätschicht in der Nacht zum 1. Mai, einem Tag, an dem eigentlich immer ein gewisser Ausnahmezustand herrscht. Wie überall im Land gilt auch in Köln an diesem Feiertag eine erhöhte Alarmstufe. Zusätzliche Polizisten werden hinzugezogen und jede Menge Überstunden gemacht. Obwohl es in der Kölner Innenstadt keine Straßenschlachten mit der Polizei gibt wie in Berlin-Kreuzberg oder dem Hamburger Schanzenviertel, warnten mich die dienstälteren Beamten, dass der Hauptbahnhof an solchen Tagen immer ein Brennpunkt für Konflikte und Straftaten sei. Man müsse auf alles vorbereitet sein. Die typische Problemgruppe bestehe in der Regel aus Randalierern, betrunkenen Chaoten, die auf Ärger aus sind – gerne auch mit Polizisten. Sie mischen sich unter die vielen Menschen, die an diesem Tag den Bahnhof passieren, weil sie einfach nur feiern oder den arbeitsfreien Tag für Besuche bei Freunden oder der Familie nutzen wollen.

Auch an diesem 1. Mai war unglaublich viel los rings um den Hauptbahnhof, und wir waren pausenlos im Einsatz, um Streitereien zwischen Betrunkenen zu schlichten, die Identität von Schwarzfahrern zu überprüfen und nebenbei grölende Gruppen von ausgelassen feiernden jungen Männern im Auge zu behalten, die gerade von einer Kneipe zur nächsten unterwegs waren. Alles in allem aber war bis in die frühen Morgenstunden nichts vorgefallen, was in irgendeiner Weise außergewöhnlich gewesen wäre oder besondere Maßnahmen erfordert hätte.

Gegen vier Uhr morgens kam dann ein Notruf von der anderen Seite des Bahnhofs: Am Ausgang zum Breslauer Platz war eine Schlägerei mit mehreren Beteiligten im Gange. Um diese Zeit ist gewöhnlich jeder der Kollegen bereits hundemüde und wartet nur darauf, nach Hause zu kommen und ins Bett zu fallen. Aber wenn ein Notruf wegen einer Schlägerei eingeht, bedeutet das immer, egal um welche Zeit: ausschwärmen. Nicht nur eine Streife, sondern alle verfügbaren Kräfte begeben sich schnellstmöglich zum Tatort. Jeder lässt alles liegen und stehen und rennt nach draußen in die Bahnhofshalle, meist ohne sich vorher noch die Dienstmütze aufzusetzen.

Ich kam als Erster am Ort des Geschehens an und sah eine

Gruppe von Leuten, die einander lauthals anschrien. Einer von ihnen blutete stark, Aggression und Panik lagen in der Luft, und im ersten Augenblick ließ sich nicht ausmachen, wo hier die Frontlinie verlief. Mittendrin stand ein dicklicher Typ in zerrissenem T-Shirt, der am lautesten von allen herumbrüllte und seine Faust in die Luft reckte. Ich dachte sofort: «Das muss er sein! Das ist der Haupttäter!»

Also tat ich das, was man in so einem Fall tut, und versuchte zunächst, als sogenannter sichernder Beamter die Situation zu entschärfen, damit die nun eintreffenden Beamten die Personalien der Beteiligten aufnehmen und den Sachverhalt klären konnten. In der Ausbildung hatte ich gelernt, dass man als Erstes die Kontrahenten voneinander trennen muss, und so schnappte ich mir den mutmaßlichen Hauptkrawallmacher, den Kerl im zerrissenen T-Shirt, um ihn zur Seite zu nehmen. Doch auf seine Reaktion war ich nicht vorbereitet.

«Sachma. Was bis'n du für einer?», schallte es mir entgegen, und ich sah ein angriffslustiges Funkeln in seinen Augen. Die Frage kam mir ein wenig absurd vor – schließlich konnte er ja an meiner Uniform sehen, was ich «für einer» war. Doch weder die Uniform noch überhaupt meine Funktion als Polizeibeamter schien ihn im Mindesten zu interessieren.

«Ey, du Pisser, bei mir stehste im Puff in der Schlange! Typen wie dich, die mach ich alle!»

Dem Schläger schienen seine vorherigen Kontrahenten mit einem Mal völlig egal geworden zu sein, und er fing an, sich komplett auf mich einzuschießen. Mittlerweile hatte er sich das zerfetzte T-Shirt vom Oberkörper gerissen, es wie einen Schlagring um seine geballte Faust gewickelt und versuchte, mich weiter mit obszönen Beschimpfungen zu provozieren. Ich schaute mich hilfesuchend nach den Kollegen um, die inzwischen angekommen waren, aber sie standen etwas abseits und waren zu sehr damit beschäftigt, die Personalien und Aussagen der anderen Beteiligten sowie von Zeugen aufzunehmen, die sich zum Glück weitgehend ruhig verhielten. Da keiner der Kollegen Notiz von mir nahm, war ich quasi allein mit einem Schläger, der es sich offenbar in den Kopf gesetzt hatte, sich mit einem Polizisten anzulegen.

Mit mir.

Tatsächlich schien es fast so, als habe dieser Typ nur auf mich gewartet. Und dass seine gleichermaßen unförmige Freundin neben ihm stand und ihn lauthals anfeuerte, trug nicht gerade dazu bei, die Situation zu deeskalieren. Hier wollte einer beweisen, was für ein harter Knochen er war – und die Tatsache, dass er das vor großem Publikum tun konnte, sorgte für zusätzlichen Treibstoff.

Für mich war es offensichtlich, dass wir diesen Kerl nicht unter Kontrolle bekommen würden, solange wir ihn nicht völlig von den Umstehenden isolierten. Ich wandte mich den Kollegen zu und rief: «Lass uns den mit zur Dienststelle nehmen!»

Keine Reaktion. Die anderen waren zu beschäftigt. Es lief alles auf uns beide hinaus – den Krawallmacher und mich, der mich mit einem Schwall obszöner, sich ständig wiederholender Schmähungen überzog, während seine Freundin ihn mit schriller Stimme anfeuerte. Damit nicht genug, bewegte er sich nun drohend auf mich zu. Plötzlich hatte er eine Glasflasche in der Hand. Und die konnte sich, das wurde mir siedend heiß klar, schnell in eine gefährliche Waffe verwandeln.

«Alter, halt Abstand!», warnte ich ihn und wich etwas zurück. Ich konnte nicht glauben, was hier gerade passierte.

«Ey, was willst du? Ich fick dich!», pöbelte der Rowdy, fummelte eine Zigarette aus einer halb zerdrückten Schachtel hervor – um dann, völlig überraschend, eine Kehrtwendung zu machen und leichthin zu verkünden: «Ich geh jetzt eine rauchen.» Dann wandte er sich zum Gehen.

«Du bleibst hier!», entgegnete ich in unmissverständlichem Befehlston.

Die Sache begann definitiv aus dem Ruder zu laufen. Ich hatte das Gefühl, mich hier als Polizist langsam lächerlich zu machen, wenn ich seinen Unverschämtheiten nicht Einhalt gebot. Noch ein weiteres «Ey, was willst du?! Ich mach dich alle!» seinerseits, und wir standen buchstäblich Nasenspitze an Nasenspitze. Ich hatte endgültig genug. «Halt endlich die Schnauze!», brüllte ich ihn an.

Nun gingen zwei der Kollegen dazwischen, die endlich auf unsere Konfrontation aufmerksam geworden waren. Der Typ rastete jetzt vollkommen aus. Er tobte und geiferte und versuchte, sich aus dem Griff der Kollegen zu winden. «Du Hurensohn!», brüllte er in meine Richtung. Als er mich anspuckte, brannten bei mir die Sicherungen durch.

Das Nächste, was ich mitbekam, waren meine eigenen Kollegen, die sich auf mich stürzten, um mich mit vereinten Kräften davon abzuhalten, dem Typ eine reinzuhauen.

Im festen Griff der Beamten kam ich wieder zu mir und blickte in geschockte Gesichter ringsum. Man stelle sich dieses Bild vor: Polizisten, die den eigenen Kollegen mit Gewalt daran hindern müssen, sich mit einem Beschuldigten zu prügeln. Kein Zweifel, ich hatte es gründlich versiebt.

Nachdem die Kollegen die Personalien aufgenommen, sich um den Blutenden gekümmert und dem Pöbler einen Platzverweis erteilt hatten, gingen wir zurück zur Dienststelle. Meine Streifenpartnerin wies mich noch an, mich morgen früh gleich bei unserem Vorgesetzten zu melden, dann war diese Schicht Gott sei Dank zu Ende, und ich fuhr deprimiert nach Hause.

Nachts wälzte ich mich schlaflos im Bett herum. In meinem Kopf schossen zig Fragen umher. Wie hatte mir so etwas nur passieren können? Warum hatte ich mich so provozieren lassen? Was hätte ich stattdessen tun sollen? Wie reagieren? Ich ging das Szenario dutzende Male in meinem Kopf durch. Gerade mal eine Woche am Bahnhof – und dann so etwas! Ich war, gelinde gesagt, nicht unbedingt stolz auf mich. Vielleicht war ich zu naiv gewesen, als ich davon ausgegangen war, dass du als Polizist erst mal grundsätzlich respektiert wirst, wenn du beispielsweise einen Verdächtigen befragen oder festsetzen willst. Doch oft ist das Gegenteil der Fall, wie ich es in Zukunft noch häufiger erleben sollte: Die Uniform macht dich erst recht zur Zielscheibe von Aggressionen. Damit hatte ich nicht gerechnet. In der Konfrontation mit dem Schläger waren meine Vorstellungen vom Polizeiberuf zum ersten Mal mit der harten Realität des Alltags am Hauptbahnhof kollidiert. Der Polizist als Kämpfer für das Gute, der die Schwachen beschützt und dem Verbrechen die Stirn bietet, der stets richtig handelt – das ist ein schönes, aber auch ein unrealistisches Idealbild, wie ich einsehen musste.

Wirklich ein großartiger Einstand an meinem neuen Einsatzort! Und den hatte ich mir, zum Großteil zumindest, selbst zuzuschreiben.

Keine Frage, dass mein Kopf am nächsten Tag irgendwo unterhalb meines Gürtels hing, als ich das Büro des Dienstgruppenleiters betrat, um ihm und seinem Stellvertreter Rede und Antwort zu stehen. Ich versuchte den beiden Vorgesetzten, die mir mit ernsten Mienen zuhörten, zu erklären, dass ich von der Situation überfordert gewesen war und wie dann alles, ehe ich mich's versah, eskalierte. Als die Gruppenleiter erkannten, dass meine Reue und mein Unbehagen über das Geschehene echt waren, fiel ihr Urteil recht milde aus. Sie erklärten mir, worauf es als Beamter im Dienst ankomme und dass man beim Aufeinandertreffen mit solchen Tätern stets «Luft nach oben» lassen müsse. Man könne nicht in jeder Situation wie ein Berserker auf Konfrontationskurs gehen, auch wenn man sich moralisch im Recht sehe. Vielmehr gelte es, Ruhe zu bewahren und zu deeskalieren.

Ich war erleichtert und versprach ihnen und mir selbst, dass ich es in Zukunft anders machen würde. Ich versuchte, in diesem Zwischenfall auch eine Chance zu sehen. Die Chance, ein besserer Polizist zu werden, indem ich mir meine eigene Fehlbarkeit bewusstmachte.

Nach meinem Gespräch mit den Dienstgruppenleitern war ich im darauffolgenden Dienst mit einem anderen Kollegen, Axel, unterwegs, dem ich im Zuge der ständigen Rotation zugeordnet worden war. Axel hatte wie alle anderen von meinem Zusammenstoß mit dem Pöbler gehört; zu meiner Freude ließ er mich jedoch meine Version der Ereignisse erzählen.

Mir fiel ein großer Stein vom Herzen, und ich freute mich auf die bevorstehende Schicht. Ich würde Axel beweisen, dass ich nicht der impulsive Macho war, für den mich jetzt viele hielten, und dass ich etwas aus der Geschichte gelernt hatte. Und dazu sollte ich schneller Gelegenheit bekommen, als mir lieb war.

Wir waren an diesem Morgen am Deutzer Bahnhof unterwegs, der auf der anderen Rheinseite liegt und über die Hohenzollernbrücke direkt mit dem Hauptbahnhof verbunden ist. Von einem der Bahnsteige hörten wir Gegröle, also gingen wir hin und trafen auf einen betrunkenen Randalierer, der aussah, als habe er die Nacht durchgefeiert, und jetzt ziemlich auf Krawall gebürstet zu sein schien. Ich sprach ihn an, und das Erste, was mir entgegentönte, war: «Ey, du Pisser!»

Obwohl ich mich für einen Moment fühlte, als sei ich in einer Zeitschleife gefangen, in der ich meine Verfehlung von vor zwei Nächten wieder und wieder würde durchleben müssen, war ich fest entschlossen, nicht noch einmal zu versagen.

Ich stellte mich also zwischen ihm und Axel auf und sagte ruhig, aber bestimmt: «Jetzt mach mal halblang! Fahr mal 'nen Gang runter!»

Er schaute mich an, schien zu bemerken, dass ich mich von ihm nicht beeindrucken ließ und murmelte etwas Unverständliches, bevor er abdrehte und in den Zug stieg, der gerade eingefahren war. Während wir ihm nachschauten, sagte Axel anerkennend: «Dat war jut.»

Es sollte der Beginn einer langjährigen Freundschaft werden.

Diese Erlebnisse lehrten mich, dass ich mir schnellstmöglich eine emotionale Teflonschicht würde zulegen müssen, um solche Provokationen zukünftig an mir abperlen lassen zu können. Als junger Polizist besaß ich einfach noch nicht die Gelassenheit älterer Kollegen: Wenn man die fragt, warum sie es zulassen, dass jemand sie in aller Öffentlichkeit beleidigt oder ihnen sogar droht, antworten sie: «Jede Zwangsmaßnahme läuft auf einen Widerstand hinaus, und ein Widerstand bedeutet mehr Schreibarbeit, im schlimmsten Fall wird jemand verletzt. Wozu sich den Ärger machen …?»

Dennoch: Die Provokationen und Übergriffe gegen Polizeibeamte im Dienst nehmen zu, haben mittlerweile auch die Politik auf den Plan gerufen und führen zu kontroversen Diskussionen. Da die Zahl der tätlichen Angriffe im Jahr 2015 von 55 738 auf 62 000 Fälle anstieg[1], forderten im Juni 2016 vor allem konservativ geführte Bundesländer bei der Innenministerkonferenz der Länder eine Verschärfung des Strafmaßes. Einige SPD-Innenminister lehnten das jedoch ab und verwiesen darauf, dass die Verschärfung vor einigen Jahren kaum Wirkung gezeigt habe. Sie plädierten vielmehr dafür, die bestehenden Gesetze konsequenter anzuwenden und den Strafrahmen voll auszuschöpfen.

Ich stimme dem insofern zu, als dass auch ich die Rückendeckung unserer Judikative vermisse. Mein Eindruck ist, dass eine gegen einen Polizisten begangene Körperverletzung immer noch als Kavaliersdelikt – quasi als Berufsrisiko – angesehen wird und weniger als ein genereller Angriff auf unser Rechtssystem. Obwohl die Vertreter der Politik der Polizei gewöhnlich vollmundig ihre Unterstützung zusichern, spiegelt sich von dieser Haltung herzlich wenig in der Gesetzgebung wider. Wer einen Polizeibeamten mit einer Waffe angreift, um ihn zu verletzen, oder gar sein Leben gefährdet, kann laut Paragraph 113 Absatz 2, «Besonders schwerer Fall des Widerstandes», bei einem gnädigen Richter durchaus mit einer nur sechsmonatigen Freiheitsstrafe davonkommen, sofern sein Anwalt geschickt mildernde Umstände wie besondere Stressfaktoren oder Alkoholeinfluss geltend macht.

Quasi ein Straf-Schnäppchen, wenn man es in Relation zu dem verheerenden Schaden setzt, den eine schwere Verletzung im Dienst und eine daraus resultierende Traumatisierung für den Polizisten bedeuten können.

Der Schlägertyp vom 1. Mai war übrigens, wie ich später erfuhr, für die Kollegen ein alter Bekannter, der des Öfteren Stimmung machte am Hauptbahnhof. Sein mangelnder Respekt vor Polizeibeamten war ebenso bekannt: Rottbächer[2] gehörte sozusagen zum Inventar.

Wie kann es sein, dass polizeibekannte Straftäter Beamte

immer wieder auf solch frontale Weise angehen können, ohne dass ihr Verhalten in irgendeiner Form strafrechtlich geahndet wird? Die Knackpunkte liegen bei zwei Paragraphen im Strafrecht und in der Strafprozessordnung. In Paragraph 52 des Strafgesetzbuchs geht es um die sogenannte Tateinheit. Er legt fest, dass ein Straftäter, dem mehrere Vergehen innerhalb eines Handlungszusammenhangs zur Last gelegt werden, nur für dasjenige verurteilt werden kann, das mit dem höchsten Strafmaß belegt ist. Es ist also nicht zulässig, die einzelnen Strafen zu einer Gesamtstrafe zu addieren.

Der zweite Paragraph findet sich in der Strafprozessordnung, Paragraph 154: die Möglichkeit der «Teileinstellung bei mehreren Taten». Er gestattet der Staatsanwaltschaft, von der Verfolgung einer Straftat abzusehen, wenn sie gegenüber einer anderen Strafe, die der Täter ohnehin zu erwarten hat, nicht ins Gewicht fällt oder «wenn ein Urteil wegen dieser Tat in angemessener Frist nicht zu erwarten ist», der Täter also in der Zwischenzeit seine andere Strafe bereits antreten müsste und diese Strafe «zur Einwirkung auf den Täter und zur Verteidigung der Rechtsordnung ausreichend erscheint».[3] Man vertraut also im Falle langsamer Gerichte auf die erzieherische Wirkung des Haupturteils und erteilt auf die übrigen Straftaten «Rabatt» – in der Regel lässt man sie unter den Tisch fallen.

Fortschrittliche Grundsätze eigentlich, die auf der modernen Rechtsauffassung fußen, dass das Strafrecht kein bloßes Instrument zur Sühne sein, sondern ebenso dem Schuldausgleich, der Resozialisierung und der Prävention dienen soll.

Allerdings hat diese Gesetzeslage unerwünschte Nebeneffekte, die bei Polizistinnen und Polizisten gehörig für Frustration sorgen. Oft werden ihretwegen Gewalttaten gegen Beamte zwar vor Gericht verhandelt, aber nicht bestraft. Sei es, dass sie in Tateinheit mit einem anderen Vergehen verübt wurden oder der Staatsanwalt meint, der Angriff auf einen Polizisten sei ein im Vergleich zum Hauptvergehen vernachlässigbares Delikt. Als ein Ladendieb einer Kollegin bei einer Festnahme Pfefferspray mitten ins Gesicht sprühte, wurde die Anklage beim anschließenden Gerichtsprozess wegen Körperverletzung auf Basis des besagten § 154 StPO fallengelassen. Die Kollegin, die tagelang unter den Folgen gelitten hatte, war über dieses Urteil fassungslos.

Dass Polizisten bei der Festsetzung von Verdächtigen mittlerweile regelmäßig angespuckt werden, ohne dass dieses Verhalten von der Rechtsprechung in irgendeiner Weise sanktioniert wird, gehört fast schon zum Berufsalltag, mit dem sich eine Beamtin oder ein Beamter anscheinend wohl oder übel abfinden muss. Verwundert es da, dass die Zahl der Übergriffe ebenso wächst wie der Frust der Polizisten? Meiner Meinung nach sollte hier das Prinzip «zero tolerance» gelten: Widersetze dich der Polizei, widersetze dich dem Staat, und du bekommst die Härte des Gesetzes zu spüren. Mit allen Konsequenzen.

Als mir ein Kollege, der am 1. Mai beim Zwischenfall mit Rottbächer dabei gewesen war, erklärte, ich könne gegen den Pöbler Anzeige wegen Beleidigung erstatten, verzichtete ich darauf. Wozu, wenn sie keine Aussicht auf Erfolg hatte? Ich wusste, dass die Anzeige seines Prügelopfers ohnehin mehr ins Gewicht fallen würde und meine zusätzliche Strafanzeige wegen Beamtenbeleidigung höchstwahrscheinlich unter den Tisch gefallen wäre. Sollte ich Rottbächer wirklich ein weiteres Mal eine Bühne geben, um sich auf meine Kosten zu produzieren – mit dem Ergebnis, dass er mit einem mickrigen Strafmaß davonkäme und sich am Ende noch über mich lustig machte? Ich hatte keinerlei Lust, mich dem auszusetzen.

Schon damals war es für mich offensichtlich, dass sich hier ein Teufelskreis auftat: Aufgrund ausbleibender Konsequenzen verhalten sich die Täter der Polizei gegenüber bei jeder weiteren Konfrontation noch respekt- und skrupelloser. Zwar kann man wohl kaum davon ausgehen, dass sie vorab Gesetzestexte studieren, um sich auszurechnen, was sie sich in dieser Hinsicht gerade noch erlauben dürfen, ohne dafür belangt zu werden. Eine milde Rechtsprechung in diesem Bereich kann aber, wie ich befürchte, durchaus ein Klima erzeugen, in dem sich Täter ermutigt fühlen, jegliche Hemmung gegenüber der Polizei fallenzulassen. Sie haben es ja bereits selbst erfahren oder von ihren Kumpels gehört, dass einem deswegen nicht allzu viel passieren kann.

Bis heute ist es für mich schwer zu akzeptieren, dass Straftaten, bei denen Polizisten körperlich zu Schaden kommen, nicht verfolgt werden, weil sie durch ein anderes Delikt des Täters noch «überboten» werden. Besonders im Zusammenhang mit nordafrikanischen Intensivtätern war das ein Thema, das uns Polizisten am Kölner Hauptbahnhof immer wieder beschäftigte – und frustrierte.

Viele meiner Kollegen traten einst mit ähnlichen Idealen wie ich in den Polizeidienst ein, erfüllt vom Wunsch, der Allgemeinheit zu dienen und für die Sicherheit und Unversehrtheit aller Bürger ihr Bestes zu geben. Doch wie ich mussten sie nicht nur erfahren, wie schnell man dabei an seine eigenen Grenzen stoßen kann, sondern auch, wie sehr die Gesellschaft und ihre Institutionen die Unterstützung für diejenigen vermissen lassen, die bereit sind, viel für ebendiese Gesellschaft zu opfern.

Manchen gelingt es, mit den Verhältnissen klarzukommen. Andere resignieren irgendwann und ziehen sich zurück. Wir werden in den folgenden Kapiteln sehen, auf welchen Gebieten die Polizei oftmals auf verlorenem Posten steht – und welche fatalen Folgen das für uns alle hat.

Einsatz am Hauptbahnhof

Erst durch die Ereignisse der Silvesternacht wurden die Zustände am Kölner Hauptbahnhof zu einem landesweiten, ja sogar weltweiten Diskussionsthema. Doch eigentlich machten sie nur sichtbar, was dort schon seit langer Zeit am Brodeln war, ohne dass es bisher in den Fokus der Öffentlichkeit gerückt worden wäre. Denn an dieser Dienststelle zeigen sich in vielfältiger Weise die Defizite, denen sich die Bundespolizei deutschlandweit gegenübersieht.

Eines der größten Probleme am Kölner Hauptbahnhof ist, wie ich es bereits in meinem Facebook-Post angesprochen habe, der Diebstahl. Lassen wir die Zahlen sprechen: Im Jahr 2014 erreichten die Taschendiebstähle in Köln eine historische Höchstmarke mit 14 502 angezeigten Fällen. Die Stadt untermauerte damit ihren Ruf als «Hauptstadt der Diebe». Zum Vergleich: In München werden jährlich nur knapp ein Drittel solcher Fälle registriert.[1] Insgesamt haben Taschendiebstähle in Deutschland 2015 erneut um 7 % im Vergleich zum Vorjahr zugenommen auf 168 142 Fälle. Damit wurde ein neues Zehnjahreshoch erreicht. Dem gegenüber stand eine Gesamtzahl von 9142 Tatverdächtigen, wobei 66,6 % von ihnen Erwachsene über 21 Jahre waren.

Die große Diskrepanz zwischen der Zahl der Straftaten und der Tatverdächtigen dokumentiert vor allem zweierlei: zum einen das häufige Auftreten von Mehrfachtätern, zum anderen aber auch die nach wie vor niedrige Aufklärungsquote bei Taschendiebstahl. Immer noch können weit über 90 % aller

Fälle nicht geahndet werden.[2] Und hierbei sind noch nicht einmal diejenigen Fälle einbezogen, die überhaupt nicht zur Anzeige kommen, weil die Geschädigten sowieso keine Hoffnung mehr haben, ihr gestohlenes Eigentum zurückzuerhalten.

Ich wurde im Jahr 2012 an den Kölner Hauptbahnhof versetzt – zu einer Zeit, als die Probleme mit nordafrikanischen Diebesbanden gerade ihren Anfang nahmen. Bis dahin war Kleinkriminalität in Form von Taschendiebstahl fest in der Hand bulgarischer und rumänischer Sinti- und Roma-Clans gewesen, die den Bahnhof zu ihrem Revier gemacht hatten. Diese Clans sind im wahrsten Sinne des Wortes Familienunternehmen, in denen schon die Kinder als gewiefte Diebe mit ihren Müttern oder anderen weiblichen Familienmitgliedern unterwegs sind. Jeder, der am Bahnhof arbeitete oder auch nur regelmäßig dort abfuhr oder ankam, kannte diese Frauen in ihrer charakteristischen Tracht mit Kopftuch, die Reisende auf dem Bahnsteig ansprachen und um Geld anbettelten. Ihr Vorgehen war dabei fast immer dasselbe: Während die Frauen die Opfer mit der Bitte um eine kleine Spende ablenkten, wurden sie von deren Anhang, der sich meist aus weiteren Frauen oder den Kindern zusammensetzte, bestohlen.

Aber auch als Ladendiebe traten die Mitglieder der Clans häufig in Erscheinung. Obwohl man sie meist schon an ihrem Äußeren erkannte und dementsprechend observierte – besonders dann, wenn sie sich am Gleis unter die Reisenden mischten, wo sie gerne mal eine Tasche mitgehen ließen –, machte es die Unterbesetzung unserer Dienststelle schon damals unmöglich, den Bahnhof rund um die Uhr ausreichend gegen die Diebesbanden abzusichern. Zwar konnten die bestohlenen Ladenbesitzer ein Hausverbot für ihre Geschäftsräume aussprechen, doch die Polizei konnte die Clanmitglieder, wenn sie innerhalb des Bahnhofs bei einer Kontrolle angetroffen wurden, nicht so einfach des Platzes verweisen. Selbst im Falle eines Hausverbotes durch den Sicherheitsdienst der Deutschen Bahn bleibt ihnen nämlich laut Gesetz immer noch das Recht, das Bahnhofsgebäude zu betreten, um die öffentlichen Verkehrsmittel zu nutzen. Ein Recht, von dem sie regen Gebrauch machten.

Doch im Laufe dieses Jahres 2012 nahm die Präsenz der Sinti und Roma am Hauptbahnhof plötzlich rapide ab – und an ihre Stelle traten junge Männer nordafrikanischer Herkunft. Dieser Prozess, der sich über mehrere Wochen hinzog, machte sich zunächst vor allem dadurch bemerkbar, dass die Anzeigen, die wir von Diebstahlsopfern aufnahmen, zunehmend von völlig anderen Tathergängen handelten, als wir das bisher gewohnt waren. Als mutmaßliche Täter beschrieben die Geschädigten nun nicht mehr Frauen, die ihnen im Modegeschäft auffällig nahe gerückt und kurz darauf mit ihrer Handtasche verschwunden waren, sondern junge Männer, die sie im Café nach dem Weg fragten und dabei ihr Handy verschwinden ließen. Das Wort «Trickdiebstahl» fiel plötzlich bei fast jeder Dienstbesprechung. Und dieser neue Tätertyp schreckte nicht davor zurück, mit den Opfern offen auf direkte Tuchfühlung zu gehen, um sie zu bestehlen. Die Geschädigten sprachen davon, sie seien «angetanzt» oder auf der Rolltreppe von jemandem «bedrängt» worden, bevor sie bemerkten, dass ihr Portemonnaie fehlte. Binnen kürzester Zeit war von den typischen Sinti- und Roma-Banden nichts mehr zu sehen oder zu hören, und die nordafrikanischen Diebe waren die neuen Herren am Hauptbahnhof.

Wir rätselten, wie sie es geschafft hatten, ihre Konkurrenten vom Balkan so schnell und effektiv aus ihrem angestammten Revier zu verdrängen. Und obwohl wir kaum Möglichkeiten hatten, an Informationen aus den inneren Kreisen der Sinti- und Roma-Clans zu gelangen, konnten wir bald zumindest so viel von einzelnen ihrer Mitglieder in Erfahrung bringen, dass Drohungen und brutale Gewalt vonseiten der jungen Nordafrikaner sie davon überzeugt hatten, das Feld zu räumen. Offenbar spielten diese in einer Liga, der die ebenfalls nicht gerade zimperlichen Sinti- und Roma-Clans nichts entgegenzusetzen hatten.

Auch wir konnten bemerken, dass ein neuer Wind wehte, denn die Nordafrikaner verhielten sich wesentlich skrupelloser und gewaltbereiter als ihre «Kollegen» vom Balkan. Woran lag das? Eine mögliche Erklärung für ihre Hemmungslosigkeit liegt darin, dass sie ihre Taten gewöhnlich unter dem Einfluss von Alkohol oder Drogen begingen. So wurden bei Tatverdächtigen immer wieder Rivotril- und Diazepam-Pillen sichergestellt – verschreibungspflichtige Psychopharmaka, die als Straßendroge im Umlauf sind.

Bei Verhören gaben einige der Diebe an, sie hätten von «Kollegen» den Tipp bekommen, sich die entsprechenden Pillen zu besorgen, um Angst und Nervosität zu unterdrücken, wenn sie sich potenziellen Opfern näherten. Diese Drogen senken nicht nur die Hemmschwelle für offensives Verhalten, sie haben auch einen aufputschenden Effekt, der es den jungen Dieben ermöglicht, bei ihrer Jagd nach Beute länger durchzuhalten.[3] Insgesamt erzeugen diese Medikamente bei missbräuchlicher Verwendung also eine gefährliche Mischung aus Tollkühnheit, Überspanntheit und Gewaltbereitschaft.

Das bekamen auch wir Polizisten zu spüren, denn die Aggressivität der jungen Männer machte sich bemerkbar, wann immer wir sie kontrollieren oder festnehmen wollten. Die Meldungen über Widerstände und wilde Verfolgungen zu Fuß bei ihrer Festnahme häuften sich genauso wie die Berichte von

Opfern, die nach einem gescheiterten Diebstahlsversuch massiv bedroht oder gar verletzt worden waren.

Wozu die Täter fähig waren, wurde mir das erste Mal bewusst, als eine weinende junge Frau in unsere Dienststelle gebracht wurde. Ihr Gesicht war völlig zugeschwollen und lila verfärbt, nachdem sie am Rheinufer überfallen und durch gezielte Schläge ins Gesicht dazu gebracht worden war, ihre Handtasche loszulassen.

Doch Gewalt ist für diese Tätergruppe keineswegs das erste Mittel der Wahl. Ihre Angehörigen haben gewöhnlich jahrelange Erfahrung als Trickdiebe und arbeiten hochprofessionell, oft gemeinsam, und verfügen über eine beeindruckende Vielfalt von bewährten Methoden, um ihre Opfer auszunehmen.

Wie die kriminellen Nafris arbeiten

Hoch über der Bahnhofshalle, im obersten Stock des Betriebstrakts der Deutschen Bahn, befindet sich der Raum, in dem die GPT, die «Gemeinsame Projektgruppe Taschendiebstahl» der Bundes- und Landespolizei, ihre Überwachungszentrale eingerichtet hatte. Von dort aus können die Mitarbeiter der GPT sämtliche Kameras steuern, die im und um den Hauptbahnhof installiert sind und so das Gebäude lückenlos im Auge behalten. Von hier informieren und koordinieren sie außerdem die verdeckten Ermittler, die im Bahnhof unterwegs sind. Ein großartiges Instrument im Kampf gegen die Kleinkriminalität, sollte man meinen – wären nur das Kamerasystem nicht restlos veraltet und die Qualität der eingefangenen Bilder so unterirdisch.

Wer belastende Aufnahmen einer Straftat auf der Festplatte des Überwachungssystems auswerten will, muss sich in einen benachbarten kleinen Raum begeben. Dort hat die Deutsche Bahn der GPT inmitten von Kabelgewirr und blinkenden Kontrolllämpchen einen Platz für ihren Server freigeräumt. Man muss sich auf umständliche Weise über einen zehn mal zehn Zentimeter großen Bildschirm durch einen Dschungel von Bedienungsmenüs klicken, um irgendwann mit etwas Glück bei einer Aufnahme zu landen, auf der die Straftat zu sehen ist. Nur: Was immer diese Aufnahme auch zeigt – sie ist mit großer Wahrscheinlichkeit qualitativ am Rande des Unbrauchbaren. Wie an einer solchen essenziellen Schnittstelle zwischen polizeilicher Ermittlungsarbeit und Strafverfolgung gespart werden kann, war und ist für mich völlig unverständlich. Denn uns Polizisten erschwerte diese veraltete Technik die Arbeit, anstatt uns dabei zu helfen. Im Extremfall konnten die technischen Mängel sogar den Fahndungserfolg sabotieren – dann nämlich, wenn unser Beweismaterial vor Gericht aufgrund seiner Qualitätsmängel nicht verwertet werden konnte und am Ende all unsere Bemühungen, die Täter dingfest zu machen, umsonst gewesen waren.

Wenn es allerdings jemandem gelingt, aus diesen Bildern ermittlungstechnisches Kapital zu schlagen, dann sind es die Fahnder der GPT, dieser bundesweit einzigartigen Spezialabteilung, die 2005 ins Leben gerufen wurde und damals binnen weniger Jahre die Zahl der Diebstähle am Hauptbahnhof nahezu halbieren konnte. Bis dann, Anfang der 2010er Jahre, mit der Ankunft die nordafrikanischen Taschendiebe die Zahlen plötzlich wieder dramatisch zu steigen begannen. Aber auch hier wurde die GPT nicht müde, die Strukturen und Arbeitsweisen dieser neuen und skrupellosen Tätergruppe genau zu studieren. Ich konnte einmal miterleben, wie mein Kollege Timo[4] von der GPT im Überwachungszentrum die Bewegungsmuster eines Taschendiebes verfolgte.

«Der hier, der gehört zur Champions League!», erläuterte er trocken und deutete auf einen Mann mit Umhängetasche, der unscharf auf einem der Videomonitore zu sehen war. «Die Tasche hat ein Loch, und darin hat er seine Hand versteckt. Raffiniert, was?» Nach außen sieht es so aus, als habe der Täter die Hand in der Jackentasche und seine Umhängetasche lässig übergeworfen. Tatsächlich aber greift er durch die Löcher in Jacken- und Umhängetasche unbemerkt in die Handtaschen in der Nähe stehender Opfer.

Immer häufiger, erzählte mir Timo, komme es auch vor, dass die Täter in der Bahn schlafenden Fahrgästen die Hand- oder Hosentasche mit einem Rasier- oder Teppichmesser von unten her aufritzen, um an deren Geldbörse zu gelangen. Auch beim sogenannten Klopfer-Trick wird der Zug selbst zum Tatort: Einer der Diebe betritt den stehenden Zug, während ein anderer mit ihm auf gleicher Höhe den Bahnsteig entlanggeht. Kommt derjenige im Innern des Zuges an einem Vierersitzplatz vorbei, an dem Reisende mit vielen Gepäckstücken sitzen, veranlasst er den Komplizen draußen auf dem Bahnsteig, an die Scheibe zu klopfen. In dem Moment, in dem sich die Aufmerksamkeit der Opfer auf den Mann draußen vor der Scheibe richtet, schnappt sich der Dieb eines der Gepäckstücke und verschwindet damit.

Ein weiterer Trick ist die vorgetäuschte Einstiegshilfe, für die ebenfalls mindestens zwei Täter nötig sind. Einer bietet dem Opfer an (oft werden Ältere, gebrechliche Reisende oder Mütter mit Kindern und viel Gepäck angesprochen), ein Gepäckstück in den Zug zu tragen, und bleibt dann unvermittelt stehen – angeblich, weil er nicht weiterkommt. In dem Moment, in dem das unvorbereitete Opfer auf ihn aufläuft, ist es abgelenkt, und der zweite Täter zieht ihm von hinten Portemonnaie oder Handy aus der Tasche. Sehr effektiv ist diese

Vorgehensweise auch, wenn einer der Täter auf einer Rolltreppe plötzlich den Notstopp betätigt.

Viele der Tricks der Taschendiebe sind hart antrainiert und über die Zeit hinweg perfektioniert worden. Taschendiebstahl ist kein Gelegenheitsverbrechen. Um ein Opfer abzulenken und gleichzeitig unbemerkt dessen Geldbörse aus Hosen-, Jacken- oder Handtasche zu ziehen, ist ein hohes Maß an technischer Versiertheit notwendig. Das gilt auch für den sogenannten Beschmutz-Trick, bei dem die Diebe die Opfer «aus Versehen» mit Kaffee, Milch oder Senf bekleckern und nach vielmaligen Entschuldigungen und dem eifrigen Versuch, den Schaden wiedergutzumachen und die Spritzer von der Kleidung zu entfernen, wenn schon nicht die Flecken, so doch Portemonnaie oder Handy des Betreffenden zum Verschwinden bringen.

Die GPT hatte es nach der Flucht der Sinti und Roma vom Hauptbahnhof also mit einem neuen Tätertyp zu tun, der wesentlich gefährlicher war als andere Trickdiebe und auch vor Raubüberfällen nicht zurückschreckte – meist mit Hilfe des sogenannten Antanz-Tricks, der durch die Silvesternacht zu trauriger Berühmtheit gelangte. Besonders im Umfeld von Discotheken oder Public Viewing Areas (z. B. während der Fußballweltmeisterschaft) wird das Opfer unter einem Vorwand angesprochen – etwa um zum Sieg der deutschen Fußballmannschaft zu gratulieren oder auch nur mit einem «Hey, alles klar?» –, und gleich darauf umarmt der Täter es oder legt ihm kumpelhaft einen Arm um die Schulter. Ein Bein wird zwischen die Beine des Opfers geschoben, um es zum Straucheln zu bringen. Den Augenblick, den der Betreffende braucht, um das Gleichgewicht wiederzufinden, nutzt der Mittäter, um ihm von hinten oder von der Seite die Geldbörse oder das Handy aus der Tasche zu ziehen. Dabei haben sie es meist auf arglose, leicht angetrunkene Personen abgesehen, aber das muss nicht immer der Fall sein. Oftmals nutzen die Diebe auch die Angst ihrer Opfer, angegriffen zu werden, falls sie den Versuch machen, sich gegen die Gruppe zu wehren, die sie plötzlich umringt.

Ganz unbekannt war diese neue Form des Trickdiebstahls den Ermittlern jedoch nicht, denn sie war zuvor schon in anderen europäischen Großstädten aufgetreten. Beim Pressegespräch der Kölner Polizei im Januar 2016 erzählte der Leiter des Kommissariats Taschendiebstahl, Günther Korn, wie er 2010 in London zum ersten Mal selbst Zeuge eines «Antanz-Tricks» wurde. Seine spontane Reaktion damals: «Wenn das mal nach Köln kommt, dann prost Mahlzeit! Das hat noch ein Jahr gedauert, dann fing das hier an.»[5]

In welchem Maße die kriminellen Nafris am Kölner Hauptbahnhof organisiert sind oder ob man das Phänomen sogar als Form von Bandenkriminalität ansehen muss, kann man nicht eindeutig sagen. Es scheint alles eher auf Selbstorganisation hinzuweisen, bei dem das Prinzip gilt: Wer als Nordafrikaner irgendwo auf andere Nordafrikaner trifft, ist ein Bruder. Und durch die Möglichkeiten, die die sozialen Netzwerke bieten, lassen sich Beziehungen zu anderen kriminellen Landsleuten auch über weite Distanzen, ja sogar über Ländergrenzen hinweg aufrechterhalten. Viele Nafris, die am Hauptbahnhof kriminell aktiv sind, kommen von außerhalb in die Stadt und verlassen sie wieder, wenn ihre Diebestour beendet oder ihnen der Boden in der Domstadt zu heiß geworden ist.

Manche Leidtragenden machen es den Tätern allerdings auch allzu leicht, weil sie zu sorglos sind. Bevorzugtes Zielobjekt von Kriminellen am Kölner Hauptbahnhof sind Touristen aus Ostasien. Der Anteil von Chinesen, Japanern und Koreanern unter den Geschädigten erreichte bei uns über die Jahre die 60-Prozent-Marke – und fast immer handelte es sich um Fälle von Diebstahl. Diese Gruppe ist für die Taschendiebe deshalb so attraktiv, weil die Touristen meist eine Menge Bargeld mit sich herumtragen: Asiatische Bankkarten sind oft nicht für europäische Geldautomaten zugelassen.[6] Touristen aus China nutzen ihre Europa-Reisen zudem gerne für ausgiebiges Shopping und geben viel Geld für Markenartikel aus – vor allem deshalb, weil sie hier weniger als in ihrer Heimat Angst davor haben müssen, mit qualitativ minderwertigen Replikaten übers Ohr gehauen zu werden. Das scheinen unsere Intensivtäter auch bemerkt zu haben.

Hinzu kommt, dass die asiatischen Touristen häufig extrem unvorsichtig mit ihrem Gepäck umgehen. Das hat seinen Grund. Von meinen Japan-Aufenthalten weiß ich: Man kann einen teuren Koffer im Gewimmel eines Riesenbahnhofs wie Shinjuku stehen lassen, wo tagtäglich eine Million Menschen aus- und einsteigen, und hat trotzdem gute Chancen, ihn eine Stunde später immer noch unberührt an derselben Stelle vorzufinden.

Günther Korn jedenfalls, dessen Abteilung 830 Festnahmen im Jahr 2015 verbuchen konnte (bei denen es sich übrigens nicht allein um Nordafrikaner handelte), verpackte seine nicht sehr hoffnungsvolle Prognose bezüglich der Bekämpfung des Taschendiebstahls in Köln in den ironischen Satz: «Wir sind, was das betrifft, wenn ich ehrlich bin, vollzeitbeschäftigt. Ich muss mir keine Sorgen um meinen Beruf machen, sondern ich gehe davon aus, dass das in den nächsten Jahren so weitergehen wird.»[7]

Bei der Durchsuchung der Diebe kam mitunter Erschreckendes zum Vorschein: Totschläger, Pfefferspray, Messer mit Doppelklingen und andere Waffen, die durchaus zu schweren Verletzungen führen können und das tatsächlich auch bei einigen Ermittlungsbeamten getan haben. Man kann von Glück sagen, dass diese Art von Bewaffnung noch keine tödlichen Zwischenfälle zur Folge hatte. Meiner Erfahrung nach nehmen viele Angehörige dieser Tätergruppe auch kaum Rücksicht auf ihre eigene Gesundheit. Ein Exkollege hat mir zum Beispiel erzählt, wie ein Taschendieb in der Untersuchungshaft versucht hat, sich mit einem Reißverschluss den Hals aufzuritzen, um Aufsehen zu erregen. Solche extremen Verhaltensweisen habe ich sonst bei keiner anderen Tätergruppe erlebt. Besonders beim Zugriff gebärden sich viele der jungen Nordafrikaner wie Berserker, sie schreien, schlagen um sich, beißen, die Polizisten werden von ihnen verhöhnt, ausgelacht, beleidigt, wenn es sein muss, in handfeste Prügeleien verwickelt – und demonstrieren damit nebenbei, was sie von den Ordnungshütern des Landes halten, in dem sie Zuflucht gefunden haben. Oft sind sie nur durch massiven körperlichen Einsatz der Beamten unter Kontrolle zu bekommen

Ich kann mich noch gut an einen grotesken Vorfall erinnern, als ein festgesetzter Dieb, der zum Polizeipräsidium gebracht werden sollte, bei dem Versuch, sich zu befreien, so heftig und wiederholt gegen den Fahrersitz des Autos trat, dass die Kollegin nicht mehr in der Lage war, das Fahrzeug sicher durch den Verkehr zu steuern. Erst mit vereinten Kräften gelang es uns, den Delinquenten zu fesseln.

Es ist leider eine Tatsache, dass sich die Anwendung von Gewalt nicht immer vermeiden lässt – zumal wenn die Gegenseite zur Anwendung jeglicher Art von Gewalt bereit ist. Um nicht missverstanden zu werden: Ich plädiere hier keineswegs für den Einsatz möglichst rabiater Methoden, und zwar unabhängig von der Herkunft der Täter. Nicht immer hält man sich als Polizist streng an den vorgegebenen distanziert-höflichen Ton. Sei es, weil man weiß, dass man damit nicht weiterkommt, oder weil einem im Stress etwas herausrutscht, was einem hinterher durchaus unangenehm ist.

Aber: Wir sprechen hier nicht von Bagatelldelikten. Bei einer bestimmten Klientel kommt man nicht weiter, wenn man es freundlich anspricht: «Guten Tag, Bundespolizei, wir würden gerne einmal Ihre Papiere ...» Wenn man Glück hat, bekommt man nur ein «Wat wissu? Laber misch nich voll!» zurück. Wenn man Pech hat, läuft man Gefahr, dass es einem so ergeht wie einer unserer Praktikantinnen: Sie wurde von einem Mann, den sie kontrollieren wollte, beinahe auf die Schienen gestoßen – wenn ihr Kollege sie nicht im letzten Moment hätte festhalten können.

«Nur weil ich Ausländer bin!»

Meiner Erfahrung nach gingen Festnahmen von verdächtigen Nafris also in den seltensten Fällen ruhig und geordnet über die Bühne, sondern stießen meist auf massive Gegenwehr, sodass eine Verhaftung schon mal in eine Rangelei mit mehreren Beamten ausarten konnte. In diesem Zusammenhang, aber auch ganz allgemein muss der Einsatz von Gewalt vonseiten der Polizei immer wieder neu thematisiert werden. Dennoch: Wenn es bei der Festnahme eines Verdächtigen härter zur Sache geht, dann nicht deshalb, weil bei der Bundespolizei per se Rassisten im Einsatz sind, die nur darauf warten, Gewalt gegen nordafrikanische Kleinkriminelle anzuwenden, sondern weil viele von ihnen in jeder nur denkbaren Form heftigsten Widerstand leisten.

Trotzdem fühlten sich wohlmeinende Zeitgenossen häufig dazu veranlasst, sich einzumischen, in der irrigen Annahme, gerade Zeuge eines ausländerfeindlichen Übergriffes zu werden – vor allem, wenn es sich um einen Zugriff der Zivilbeamten des GPT handelte.[8]

Auch die Täter selbst hatten schnell gelernt, diese Karte gegenüber der Polizei auszuspielen. «Nur weil ich Ausländer bin» – diesen Satz habe ich am Hauptbahnhof bei Kontrollen oder Festnahmen immer wieder und oft mehrmals pro Woche zu hören bekommen. Nach den Silvesterereignissen wurde vereinzelt, besonders gerne von rechten Populisten, gemutmaßt, dass das Versagen der Polizeikräfte mit deren Angst zu tun habe, bei hartem Durchgreifen als rassistisch dazustehen. Diesen Vorwurf halte ich zwar für absurd – ich werde auf einige der wahren Gründe noch näher zu sprechen kommen –, doch dass man sich als Polizist nur ungern des Rassismus verdächtig machen will, kann ich bestätigen.

Mir ist es jedenfalls bis zuletzt schwergefallen, mich an den Vorwurf «Nur weil ich Ausländer bin» zu gewöhnen oder ihn einfach achselzuckend zu ignorieren. Selbst wenn ich sicher war, nichts Falsches zu tun und nur versuchte, meinem Job so gut wie möglich gerecht zu werden, habe ich mich durch diesen Satz an den Pranger gestellt gefühlt, und ich kenne viele Kollegen, denen es ähnlich geht. Plötzlich verkehren sich die Fronten, und nicht mehr der Verdächtige erscheint in zweifelhaftem Licht, sondern man selbst sieht sich für einen Moment in die Rolle des brutalen, rassistischen Bullen gedrängt.

Da war es auch wenig tröstlich, dass diejenigen, die diesen Satz beständig wie eine Zauberformel gegen uns Polizisten ins Feld führten, in den allermeisten Fällen keine zu Unrecht verdächtigten Unschuldslämmer waren, sondern sich schnell als mit allen Wassern gewaschene Kriminelle herausstellten, bei denen unser Verdacht genau ins Schwarze getroffen hatte.

Dennoch scheint dieser Satz zum festen Wortschatz vieler Diebe aus Nahost und dem Maghreb zu gehören, die in Deutschland ankommen, um sich dort Landsleuten mit derselben kriminellen Profession anzuschließen. Fast so, als laute die erste Lektion in Deutsch, die ein Neuling von den schon erfahreneren «Kollegen» vor Ort lernt: «Wenn sie dich schnappen, sag einfach, dass sie dich nur rausgepickt haben, weil du Ausländer bist.»

Ich bezweifle, dass diese Strategie jemals einen Polizisten dazu gebracht hat zu antworten: «Ich habe absolut nichts gegen Ausländer, und deshalb lasse ich dich jetzt trotz erdrückender Beweislast einfach laufen.» Aber ich mag mich irren. Für meine eigene Dienstzeit kann ich sagen, dass diese Beschwörungsformel völlig wirkungslos war. Trotzdem war sie jedes Mal ein Angriff auf meine Integrität als Polizeibeamter. Vielleicht ging es auch nur genau darum? Vielleicht hatte der Satz «Nur weil ich Ausländer bin!» damit seinen Zweck bereits erfüllt: den Polizisten wenigstens für einen Augenblick zu demoralisieren.

Ich fühlte mich jedenfalls ins Mark getroffen, wenn ich jemanden zur Dienststelle mitnehmen musste und mich diese Anschuldigung traf. Du schaust dich um und siehst in die Gesichter der Reisenden, die dir auf dem Weg zu ihren Zügen entgegenkommen, und meinst, darin ihre Missbilligung lesen zu können. Du schämst dich, auch wenn du genau weißt, dass du jeden Deutschen bei gleichem Tatbestand ebenfalls auf die Dienststelle mitgenommen hättest. Es ist ein bisschen wie das Gefühl, das man hat, wenn man, ohne etwas gekauft zu haben, einen Supermarkt verlässt und an der Kasse vorbeimuss. Sobald einen der Blick der Kassiererin trifft, fühlt man sich automatisch wie ein potenzieller Ladendieb.

Die folgende Episode ist mir in dieser Hinsicht besonders im Gedächtnis geblieben: Es war ein Montagmorgen im Sommer. Als mein Kollege Axel und ich um sieben Uhr die Dienststelle verließen, um unsere erste Streife zu absolvieren, war der Himmel von wolkenlosem Blau. In solchen Momenten liebte ich meinen Arbeitsplatz am meisten. Die Luft war noch taufrisch. Ein kühler Wind wehte durch das Bahnhofsgebäude. Überall wimmelte es von geschäftigen Menschen und Pendlern auf dem Weg zur Arbeit. Von den Verkaufstheken her duftete es nach Kaffee und frischen Brötchen.

Als wir kurz nach dem Start unserer Runde zu Gleis 5 gerufen wurden, begaben wir uns ohne große Eile dorthin. Eine Routineangelegenheit: «Erschleichung von Leistungen» – jemand war vom Zugpersonal beim Schwarzfahren erwischt worden und konnte sich offenbar nicht ausweisen. Wir kamen die Treppen zu Gleis 5 hoch, ohne die geringste Vorahnung, was uns erwarten würde. Der Regionalexpress, in dem sich unser Mann befinden sollte, fuhr gerade ein. Der Bahnsteig war voller Menschen. Viele schauten auf ihre Smartphones, Arbeitskollegen plauderten, Geschäftsleute führten bereits erste Telefonate, andere lasen die Morgenzeitung oder nippten von ihrem Coffee to go. Wir passierten die Currywurstbude, aus der es so früh am Morgen schon nach Gebratenem und Frittiertem roch, und ich dachte: «So eine Currywurst, die könnte ich jetzt auch schon vertragen ...»

Da öffnete sich an einem der vorderen Wagen die Tür, und zwei Schaffner winkten uns zu sich. Ihnen folgte ein Mann, der unverwandt in unsere Richtung schaute. Südländisches Aussehen, möglicherweise Araber oder Nordafrikaner. Ich merkte sofort: Irgendetwas stimmte mit dem Typen nicht. Ich konnte zwar nicht genau ausmachen, was es war, aber etwas in seinem Blick beunruhigte mich. Mein Eindruck bestätigte sich schon in den ersten Minuten unserer Begegnung. Denn kaum hatte der Mann ohne Fahrschein erfahren, dass er uns zur Feststellung seiner Identität auf die Dienststelle folgen sollte, beschimpfte er uns auch schon mit sich überschlagender Stimme: «Ihr Nazis! Ihr Rassisten! Nur weil ich Ausländer bin!» Erst als wir ihm nachdrücklich erklärten, dass wir Zwangsmaßnahmen ergreifen würden, falls er sich weigerte, ging er notgedrungen mit uns, nicht ohne einen unablässigen Strom lauter Verwünschungen und Flüche auf uns niederprasseln zu lassen, deren Hauptbugwelle Axel abbekam, der neben ihm ging. Ich hielt mich immer gerne hinter den Leuten, wenn ich sie in Gewahrsam nahm, denn ich wollte in der Lage sein, ihre Körpersprache zu lesen, um sofort reagieren zu können, sobald sie etwas Unerwartetes anstellen sollten. Ich wollte sehen, was sie mit ihren Händen machten oder ob sie heimlich eine andere Richtung anpeilten. So hatte ich sie stets unter Kontrolle, ohne sie festhalten zu müssen. Hätten sie versucht auszubüxen, wäre ich immer noch schnell genug gewesen, um sie einzuholen.

Ein Nebeneffekt dieser Position ist allerdings auch, dass man die Reaktionen der Passanten und Zugreisenden deutlicher wahrnimmt, die einem in den Passagen und in der Bahnhofshalle entgegenkommen. Damals, mit dem Schwarzfahrer im Schlepptau, blieben manche von ihnen sogar stehen. Ihre Blicke schienen zu sagen: «Da, schau mal, jetzt schikanieren sie wieder so einen armen Migranten!» Am liebsten hätte ich jedem von ihnen erklärt: «Nein, wir nehmen ihn nicht mit, weil er Ausländer ist. Es liegt etwas gegen diesen Mann vor, und wir machen hier nur unseren Job.»

Oft blieb es nicht bei schrägen Blicken, sondern es kam auch zu direkten Einmischungen von unbeteiligten Passanten. Ich erinnere mich noch, als ich einmal zwei Jugendliche mit Migrationshintergrund zur Identitätsfeststellung mit auf die Wache nahm, weil ich vermutete, dass sie zu den Taschendieben am Bahnhof gehörten. «Können Sie mir mal sagen, warum Sie diese beiden Jugendlichen jetzt hier kontrollieren?», wollte ein Herr wissen, der das beobachtete. Eine Dame, die hinzustieß, verkündete mit drohendem Unterton: «Mein Mann ist Anwalt, und wenn er hiervon erfährt, dann ...»

Ich war völlig überrumpelt – von der unverhohlenen Feindseligkeit, die mir entgegenschlug und der darin enthaltenen Unterstellung willkürlicher Schikane. Die Waffe der Wahl, mit der dieser Angriff geführt wurde, entstammte dem Starterpack des unerschrocken-engagierten Bürgers: «Mein Mann / mein Vater ist Anwalt ...» Ich weiß nicht, wie oft ich diesen Satz von Menschen zu hören bekommen habe, die meist nicht im Fokus eines Einsatzes standen, sondern einfach nur das Gefühl hatten, gegen die Polizei Partei ergreifen zu müssen.

Erst nach einigem Hin-und-her-Diskutieren gingen die beiden weiter, und wir konnten unsere Überprüfung beenden. Einer der beiden Kontrollierten hatte übrigens tatsächlich schon einmal einen Einbruch begangen. Wie gerne hätte ich den Besserwissern vom Rand des Geschehens diese Fakten entgegengehalten. Aber ich schluckte meinen Ärger herunter. So, wie ich es in den folgenden Jahren noch viele Male tun sollte.

Damit wir uns nicht missverstehen: Ich habe nichts gegen engagierte Mitbürger. Im Gegenteil, ich finde es wichtig, den staatlichen Institutionen und ihren Vertretern auf die Finger zu schauen und sich nicht darauf zu verlassen, dass alles automatisch seinen demokratischen Gang gehen wird. Das schließt auch die Arbeit der Polizei ein. Nur wünschte ich mir manchmal etwas mehr Augenmaß und weniger Ideologie. Ein Polizeibeamter kontrolliert einen Menschen mit dunkler Hautfarbe? Das ist für viele gleichbedeutend mit: Böser Bulle schikaniert armen, unschuldigen Ausländer.

Als 2013/14 eine Welle von Flüchtlingen aus Eritrea an Bord von TGV-Zügen illegal über die französische Grenze nach Deutschland fuhr, bekamen wir Bundespolizisten die Anweisung, unsere Kontrollen verstärkt auf Afrikaner zu konzentrieren – und wurden prompt immer wieder von Passanten des Rassismus beschuldigt. Einige von ihnen haben dermaßen ausdauernd und penetrant unseren Einsatz gestört, dass wir sogar Platzverweise aussprechen mussten.

Die Digitalisierung hat diesem Trend eine neue Facette hinzugefügt. Seit jedes Smartphone mit einer Kamera ausgestattet ist und Videos noch an Ort und Stelle ihrer Entstehung in die sozialen Netzwerke hochgeladen werden können, agiert man als Polizist quasi auf dem Präsentierteller der Internet-Community und kann sich nach einer Polizeiaktion schon mal bei Youtube wiederfinden, begleitet von dem aufgeregten Live-Kommentar des empörten Chronisten: «Hier findet gerade wieder ein Beispiel von willkürlicher Polizeigewalt statt! Warum nehmen Sie diesen Mann fest? Weil er schwarz ist?» – und den Kommentaren von Usern, die sich in den seltensten Fällen die Mühe machen, den genauen Kontext der Situation zu verstehen oder in Erfahrung zu bringen.

Zugegeben: Wenn die Polizei jemanden gegen seinen Willen und unter Zwang abführt, dann sieht das von außen betrachtet durchaus verstörend aus. Trotzdem wünsche ich mir manchmal, die aufrechten Bürger mit ihren schicken Megapixel-Smartphones würden sich ihr Engagement für Gelegenheiten aufsparen, in denen es wirklich angebracht ist, und der Polizei nicht pauschal Willkür und Rassismus unterstellen.

Die Frage, wie, ob und in welchem Ausmaß die deutsche Polizei rassistische Tendenzen hat, wird immer wieder diskutiert. Als am 18. Februar 2016 im sächsischen Clausnitz ein Bus mit Flüchtlingen von einem ausländerfeindlichen Mob empfangen wurde, der Parolen schrie und die Ankömmlinge zwei Stunden am Betreten des örtlichen Wohnheims hinderte, machte anschließend ein Handyvideo die Runde, das zeigte, wie ein Polizist einen 15-jährigen Libanesen im Würgegriff aus dem Bus zerrte, nachdem der sich geweigert hatte, auszusteigen. Die Polizei rechtfertigte sich damit, der Beamte habe «einfachen Zwang» anwenden müssen, um den Jungen in das Haus zu bringen, das in dieser Situation der einzige sichere Ort gewesen sei.[9] Ob man hier den rassistischen Übergriff eines Polizisten sieht oder die Hilflosigkeit eines Beamten, der keine andere Möglichkeit sah, als den Jungen auf diese rabiate Weise aus dem Bus zu holen, um ihn letztlich in Sicherheit zu bringen, bleibt jedem selbst überlassen.

Eindeutiger ist der Sachverhalt bei dem Skandal um einen Hannoveraner Bundespolizisten, dem 2015 vorgeworfen wurde, Migranten in der Gewahrsamszelle misshandelt zu haben.[10] Der Beamte machte ebenfalls Zwangsmaßnahmen geltend, da die Verhafteten heftigen Widerstand geleistet hätten. Die Anklage wurde mangels Beweisen fallengelassen, der Beamte allerdings wegen illegalen Waffenbesitzes, Besitz von Kinderpornographie und Verstoß gegen das Kunsturheberrechtsgesetz angeklagt. Letzteres für Fotos, die er privat von einem am Boden liegenden Marokkaner gemacht und mit rassistischen Kommentaren über WhatsApp verschickt hatte. Ein Fall, der einen schalen Nachgeschmack hinterlässt.[11]

Die Polizei ist ein Teil der deutschen Gesellschaft und als solcher auch ihr Spiegel – im Guten wie im Schlechten. Und da es in unserem Land zunehmend ausländerfeindliche Tendenzen gibt, erscheint es nur logisch, dass sich diese Realität auch in den Reihen der Polizei bemerkbar macht. In einer perfekten Welt mit einer perfekten Polizei sollte das nicht der Fall sein. Da sind wir uns wohl alle einig. Aber solange wir diesen

Zustand von Vollkommenheit nicht erreichen, muss man für eventuelle rassistische Tendenzen in den eigenen Reihen wachsam bleiben und ihnen entgegenwirken. Es ist eine wichtige Errungenschaft unserer freiheitlichen Demokratie, dass man solchen und auch anderen Vorfällen nachgeht, offen darüber spricht und sie, wenn der Verdacht bestätigt wird, entsprechend ahndet. Ein Polizist darf nicht anders behandelt werden als ein anderer Verdächtiger, auch wenn ich zugeben muss, dass wir Polizisten häufig unsere Vorbehalte hatten, wenn sich einer von uns mit dem Vorwurf «Dienstvergehen» konfrontiert sah. Natürlich muss die Polizei als machtvolles Exekutivorgan der öffentlichen Kontrolle durch die Justiz unterliegen. Natürlich muss es möglich sein, gegen Polizeiwillkür zu klagen. Aber während meiner Dienstzeit verbargen sich hinter derlei Anschuldigungen allzu oft Verteidigungsstrategien findiger Anwälte, die auf Kosten der Bundespolizisten versuchten, das Polizeirecht zugunsten ihres Mandanten zu instrumentalisieren. Ich erinnere mich beispielsweise an einen Fall, als Kollegen einen Mann wegen Rauschgiftbesitzes in Gewahrsam genommen hatten. Bei der Befragung drehte er plötzlich durch und musste von mehreren Kollegen am Boden fixiert und zurück in seine Zelle gebracht werden. Anschließend wurde er dem Haftrichter vorgeführt. Wenig später bekamen die Beamten mitgeteilt, dass gegen sie eine Anzeige wegen Körperverletzung erstattet worden sei. Der Anwalt des Drogensüchtigen hatte Fotos seines Mandanten beigelegt, auf denen dieser mit einem großen Hämatom im Gesicht zu sehen war, das ihm angeblich von den Beamten zugefügt worden war. Die Polizisten verstanden die Welt nicht mehr. Ja, es hatte eine Rangelei gegeben – aber wie konnte ein solch großes Hämatom die Folge davon sein? Das hätten sie doch sehen müssen! Sie kontaktierten den Haftrichter, der den Drogensüchtigen am Tag nach den angeblichen Schlägen gesehen hatte, und der bestätigte, dass der Verhaftete keinerlei Anzeichen einer Prügelattacke aufwies. Nach und nach kam die wirkliche Geschichte ans Licht: Der Drogensüchtige war vorsätzlich gegen ein Straßenschild gelaufen, um die Kollegen auf die Anklagebank zu bringen. Wenn den Beamten nicht noch die rettende Idee gekommen wäre, den Richter anzusprechen, wäre ihm das vielleicht sogar gelungen.

Aus meiner eigenen Erfahrung kann ich jedenfalls sagen, dass keiner meiner Kollegen einen Verdächtigen aufgrund seiner Herkunft Repressalien ausgesetzt hätte. Das ist nicht zuletzt auch eine Frage der Professionalität und des Selbstverständnisses als Polizeibeamter: Ein Polizist, der sich bei seinen Festnahmen und Kontrollen durch Äußerlichkeiten wie Hautfarbe, vermeintliche kulturelle Prägung oder Herkunft leiten lässt, ist nicht nur ein Rassist – er ist schlichtweg auch kein guter Polizist. Denn es bedeutet, dass er zwangsläufig ziellos vorgeht, weil er zwischen möglichen Straftätern und unbescholtenen Mitbürgern nicht zu unterscheiden weiß, sondern nur zwischen Hautfarben. Das ist nicht nur moralisch mehr als zweifelhaft, sondern zieht auch alle Aufmerksamkeit, Energie und Ressourcen von denjenigen Fällen ab, für die sie wirklich gebraucht werden.

Andererseits wissen wir aus Erfahrung, dass eine bestimmte Klientel, z. B. junge Männer zwischen 18 und 30, prozentual wesentlich krimineller ist als der Durchschnitt. Als Polizisten richtet sich unser Augenmerk notgedrungen mehr auf die Minderheit derer, die als Intensivstraftäter die Kriminalitätsstatistik in die Höhe treiben, als auf die, die als neu hinzugekommene Bürger oder auch nur als Gäste entschlossen sind, ein produktives Mitglied dieser Gesellschaft zu werden.

Wenn wir uns also dazu entschlossen hatten, einen Menschen mit Migrationshintergrund zu kontrollieren, so lagen dafür in der Regel konkrete Gründe vor, z. B. Schwarzfahren. Oder wir hatten beobachtet, wie sich ein junger Mann stundenlang auf dem Bahnhofsgelände herumtrieb, ohne offenbar die Absicht zu haben, einen Zug zu nehmen oder jemanden abzuholen. Wenn dann noch weitere Verdachtsmomente hinzukamen – wie ein offensichtliches Ausspähen von Reisenden und ihrer Gepäckstücke –, sahen wir uns den Betreffenden genauer an. Die Wahrscheinlichkeit war groß, dass es sich bei dem Kontrollierten um einen jungen Nordafrikaner handelte und dass dieser, wenn er des Deutschen ausreichend mächtig war, uns sofort mit dem klassischen Vorwurf begegnete: «Nur weil ich Ausländer bin!»

Zugegeben, wir lagen manchmal daneben, und das hat u. a. mit einer ganz speziellen Situation am Kölner Hauptbahnhof zu tun: Für viele Afrikaner, die über Frankreich versuchen, illegal in Deutschland einzureisen, ist der französische Thalys-Schnellzug das Verkehrsmittel der Wahl, und Köln die erste Station, an der sie den Zug verlassen, um unterzutauchen oder Schleuser zu treffen, die ihre Weiterfahrt organisieren. Aber der Thalys wird natürlich ebenso von vielen afrikanischstämmigen Franzosen und anderen EU-Bürgern genutzt, die geschäftlich nach Köln kommen. Zwar unterscheiden die sich für gewöhnlich deutlich durch ihr äußeres Erscheinungsbild von den illegalen Einwanderern. Wirkten Letztere mit ihrer abgenutzten Kleidung und den zerfledderten Rucksäcken eher etwas verwahrlost, so trugen die Geschäftsleute meist Anzug, hatten Aktenkoffer und Laptops bei sich und waren naturgemäß gepflegter als jemand, der schon seit Wochen oder Monaten auf der Straße lebte. Irgendwann jedoch musste es sich herumgesprochen haben, dass man eine bessere Chance hatte, nicht kontrolliert zu werden, wenn man sich gab wie einer dieser Geschäftsleute. Und plötzlich entstiegen dem Thalys aus Paris auf Gleis 1 reihenweise schick gekleidete Schwarze in Markenkleidung, bei denen man auf den ersten Blick dachte: «Aha, Geschäftsreisende, alles klar ...», die aber in Wirklichkeit ohne Flüchtlingsstatus oder Einreiseerlaubnis nach Deutschland gekommen waren, mit dem primären Interesse, sich der Kontrolle durch die deutschen Behörden zu entziehen und unterzutauchen.

Umgekehrt konnte es durchaus vorkommen, dass wir einen Dunkelhäutigen anhielten und der bei einer Personenkontrolle auf meine Frage, ob er Deutsch verstehe, etwas genervt antwortete: «Klar, Mann, ich lebe schließlich hier. Bin gerade auf'm Weg zur Arbeit.» Solche Situationen waren mir sehr unangenehm, und ich hätte sie lieber vermieden. Völlig verhindern konnte ich sie aber nicht.

In diesem speziellen Fall stimmt also der Eindruck: Wir haben tendenziell mehr dunkelhäutige Menschen kontrolliert als hellhäutige – aber eben nicht, weil wir Vorurteile gegenüber Schwarzen hatten, sondern weil die statistische Wahrscheinlichkeit, dass ein Weißer illegal über die Thalys-Route nach Köln gereist kam, verschwindend gering war gegenüber der Gesamtzahl an illegalen Grenzübertritten von Afrikanern.

Nicht also, weil jemand Ausländer, Flüchtling oder Migrant ist, kontrollierten wir die Person, sondern weil sie sich in besonderem Maße verdächtig gemacht hat. Erwies sich der Verdacht als unbegründet, haben wir uns für die Unannehmlichkeiten entschuldigt und unsere Streife weiter fortgesetzt. Wir waren für die Sicherheit am Bahnhof verantwortlich, aber auch wir können uns irren. Manchmal irren wir uns bei Migranten, manchmal auch bei Deutschen. Aber solange alles ruhig und zivilisiert abläuft, lassen sich die meisten Missverständnisse klären.

Gestern verhaftet, heute schon wieder kriminell

Ich erinnere mich noch gut an meine erste Begegnung mit dem «Spanier». Eines Tages – ich kam gerade von der Streife zurück – hörte ich schon beim Betreten der Dienststelle, wie meine Kollegin Franziska im Durchsuchungsraum eine heftige Schimpfkanonade auf jemanden hinabregnen ließ. Ich konnte mich nicht erinnern, sie jemals so aufgebracht erlebt zu haben, und versuchte mir vorzustellen, was für ein übler Typ sie zu einem solchen Wutausbruch veranlasst haben könnte. Als sie mir wutschnaubend auf dem Korridor entgegenkam, fragte ich sie deshalb erstaunt: «Was war denn los da drinnen?»

Franziska rollte mit den Augen und streifte die Einweg-Plastikhandschuhe ab, die zum Einsatz kommen, wenn man Kleidungsstücke oder Gegenstände aus dem Besitz eines Verdächtigen untersucht. «Ach, wir haben wieder den Spanier da», antwortete sie nur und steuerte, als sei damit alles gesagt, die Box mit den benutzten Handschuhen an, um ihr altes Paar hineinzuwerfen. Verwundert schaute ich ihr nach, wie sie davonstapfte, um ihren Bericht abzufassen. Wenn Franziska so aus der Haut fuhr, dann musste sie es schon mit jemandem zu tun gehabt haben, der alles darauf anlegte, sie zu provozieren. Ich hatte bis dahin nie etwas von einem «Spanier» gehört, aber die Tatsache, dass ihn meine Kollegen offenbar mit einem eigenen Namen belegt hatten, beschwor in mir das Bild eines gefährlichen Schwerverbrechers herauf. Neugierig geworden, wagte ich einen Blick durch die halb geöffnete Tür des Durchsuchungsraums, um mir den Berserker mit eigenen Augen anzusehen. Doch meine Erwartungen wurden enttäuscht. Im Durchsuchungsraum saß ein kleiner, hagerer Mann in einem viel zu weiten Mantel über einem zu großen Anzug. Die gräulichen Haare waren kurzgeschoren, und er trug eine Brille, durch die er mich traurig anschaute. Fast konnte er einem ein wenig leidtun, so jämmerlich sah er aus. Was, um Himmels willen, hatte er an sich, dass er eine solch erfahrene Beamtin wie Franziska zur Weißglut treiben konnte? Ich folgte ihr an ihren Schreibtisch und bohrte weiter. «Was ist denn mit dem Typen?» Franziska seufzte. «Na ja, das ist halt der Spanier. Der hat zwar Hausverbot, treibt sich aber trotzdem ständig im Bahnhofsbereich rum und klaut. 'ne janz fiese Möpp. Der Typ hat null Respekt. Der meint echt, er könnte uns verarschen. Und wenn du 'ne Frau bist, hast du bei dem schon mal gleich ganz schlechte Karten. Von Frauen lässt der sich nämlich nicht so gern was sagen. Da krieg ich so 'nen Hals!»

Was Franziska zusätzlich erbitterte, war die Tatsache, dass man dem «Spanier», obwohl er ganz offensichtlich auf Beutezug gewesen war und mehrere Reisende belauert hatte, wieder einmal nichts Eindeutiges nachweisen konnte. Als alter Profi schien er eine Art sechsten Sinn für die Polizei zu haben, und wir hatten Schwierigkeiten, ihn auf frischer Tat zu ertappen. Diebesgut habe er auch nicht bei sich gehabt, erzählte Franziska, sodass er nur wegen Verletzung des Hausverbots belangt werden konnte – eine Ordnungswidrigkeit, die kaum das Papier wert war, auf dem Franziska den Bericht würde schreiben müssen. Der «Spanier» stammte übrigens aus Algerien. Seinen Beinamen hatte er sich durch die Masche verdient, mit der er sich seinen Opfern näherte: Er sprach die Leute auf Spanisch an, um den Eindruck zu erwecken, er sei ein spanischer Tourist, und hielt ihnen unter dem Vorwand, eine bestimmte Sehenswürdigkeit oder ein Hotel zu suchen, einen eilends ausgebreiteten Stadtplan unter die Nase. Während er sich in einem Gemisch aus Spanisch und radebrechendem Deutsch und Englisch zu verständigen versuchte, deckte er mit dem Stadtplan herumliegende Handys oder abgestellte Gepäckstücke so ab, dass die Angesprochenen sie kurzzeitig nicht mehr sehen konnten. Diesen Moment nutzte sein Komplize, um die betreffenden Gegenstände mitgehen zu lassen. Bis der Bestohlene seinen Verlust bemerkte, hatte sich der «Spanier» längst unter freundlichen Dankesbekundungen aus dem Staub gemacht. Offenbar war er wie so viele Taschendiebe ein Intensivtäter – und noch dazu unverschämt gegenüber Polizisten. Kein Wunder, dass er Franziska auf hundertachtzig gebracht hatte.

Einen Tag nachdem der Spanier auf der Wache gewesen war, kam ich privat und ohne Uniform zum Bahnhof, um dort meinen Freund Sebastian zu treffen, der auf der Durchreise einen kurzen Zwischenstopp in Köln machte. Um die wenigen Minuten seines Aufenthalts zu nutzen, setzten wir uns auf einen Kaffee in die *Starbucks*-Filiale im Bahnhofsgebäude, wo ich die kleine Tasche, die ich dabeihatte, neben unserem Tisch abstellte. Während ich entspannt mit Sebastian die neuesten Neuigkeiten austauschte, spürte ich plötzlich dieses gewisse Kribbeln im Nacken, als ob mich jemand beobachtete.

Ich drehte mich um. Hinter mir stand der «Spanier» in Begleitung seines Komplizen. Auch er war Nordafrikaner und von eher schmächtiger Statur, sah aber mit seinen dunklen Haaren wesentlich jünger aus als sein Kollege. Ich schätzte ihn auf Mitte 30. Und: Er hatte meine Tasche im Visier. Ich muss gestehen, mir blieb für einen kurzen Moment die Spucke weg. Ich wandte mich dem «Spanier» zu: «Sag mal, Alter, willst du mich verarschen?» Er antwortete: «Que? Que? Hay un problema aquí?»

Ich dachte nur: Das kann jetzt nicht sein Ernst sein! Tut er nur so, oder erkennt er mich tatsächlich nicht ohne meine Uniform? «Du brauchst nicht Spanisch mit mir zu reden!», rief ich. «Du warst gestern noch bei uns auf der Dienststelle! Erinnerst du dich?»

Spätestens jetzt hätte beim «Spanier» eigentlich der Groschen fallen müssen. Doch er zog unbeeindruckt sein Ding weiter durch und spielte mit einem leicht aggressiven «Eh? Eh?» den Begriffsstutzigen, während sein Kollege auf Deutsch sekundierte: «Was ist das hier? Hä?»

«Leute, ihr seid Taschendiebe!», rief ich so laut, dass es jeder der anderen Gäste ringsum hören konnte. «Raus hier! Ihr habt Hausverbot!»

Der Komplize gab sich empört und kündigte an, er werde jetzt die Polizei rufen, er lasse sich so etwas nicht gefallen. Als ich ihm anbot, das gerne für ihn zu erledigen, schien auch ihm zu dämmern, dass sie sich wohl das falsche Ziel ausgesucht hatten. Unter lautstarken Protestbekundungen und gespielter Empörung verließen die beiden Diebe das Café. Vielleicht nicht die cleverste aller möglichen Rückzugsstrategien, aber wenn alles andere versagte, bevorzugte diese Klientel häufig den opernhaften Abgang als verfolgte Unschuld. Frei nach dem Motto: Wenn man mit dem eigentlichen Plan gescheitert ist, kann man immer noch maximal viel Ärger machen. Ich sollte das in meiner Dienstzeit am Hauptbahnhof noch unzählige Male erleben.

Der «Spanier» war nur einer von vielen unbelehrbaren Wiederholungstätern, mit denen wir es am Hauptbahnhof mit schöner Regelmäßigkeit zu tun bekamen. Warum konnten wir so wenig gegen sie ausrichten? Selbst wenn ich in diesem Augenblick im Dienst gewesen wäre, wäre mein Aktionsspielraum begrenzt gewesen: Ich hätte den «Spanier» mit auf die Dienststelle genommen, einen weiteren Eintrag in seine Akte gemacht, einen Bericht geschrieben, den wiederum die Staatsanwaltschaft gelesen hätte, um daraufhin ein Strafverfahren einzuleiten – und damit wäre die Angelegenheit normalerweise erledigt gewesen. Mit großer Wahrscheinlichkeit wäre das Verfahren nämlich wegen Geringfügigkeit eingestellt worden, weil der «Spanier» ja nur gegen das Hausverbot verstoßen hatte. Die Angelegenheit wäre letztlich im Sande verlaufen, und wenige Tage später wären meine Kollegen und ich unserem Freund wahrscheinlich an alter Stelle wiederbegegnet.

Was den Kölner Hauptbahnhof über Jahre hinweg zu einem Eldorado für Taschendiebe machte, war nicht allein der beständige Strom von Touristen aus aller Welt, die ebenso ideale Opfer abgaben wie unvorsichtige Einheimische, sondern vor allem auch eine Gesetzeslage, die uns als Polizisten regelmäßig zur Verzweiflung trieb und mit dem Gefühl zurückließ, einen aussichtslosen Kampf gegen Windmühlenflügel zu führen.

Denn die bis zum Asylpaket 2 gültige Rechtspraxis machte die Abschiebung eines kriminellen Asylsuchenden äußerst schwierig, solange er nicht eine Straftat beging, die mit mindestens drei Jahren Freiheitsentzug geahndet wird. Da wir es hier mit einer Tätergruppe zu tun hatten, die meist nur Kleindelikte beging – wenn auch in Serie – und die deswegen nur selten in die Nähe des erforderlichen Strafmaßes kam, fehlte den Behörden lange Zeit jegliche Handhabe, um ihr wegen ihrer kriminellen Aktivitäten das Bleiberecht zu entziehen.

Das wirft das Licht auf ein generelles Problem innerhalb der Rechtsprechung in Deutschland: Meiner Meinung nach geht sie in vielen Fällen zu liberal mit den Tätern um. Und diese können oft kaum glauben, dass sie in Deutschland nach wenigen Stunden wieder auf freiem Fuß sind, obwohl sie bei einer Straftat erwischt wurden. «Die gucken uns ganz misstrauisch an und halten das zunächst für einen fiesen Trick», schilderte der Münsteraner Kommissariatsleiter Jürgen Tölle seine Erfahrungen bei einem Forum der Gewerkschaft der Polizei in Düsseldorf. «Wenn jemand zwanzig bis dreißig Straftaten verübt und zwei Drittel der Fälle werden sofort eingestellt, gewinnt der Täter natürlich den Eindruck: Es passiert mir nichts.»[12] Auch von den wenigen Tätern aus der Silvesternacht, deren man habhaft werden konnte, wurden einige direkt aus dem Gerichtssaal in die Freiheit entlassen, da ihre Strafe mit der einwöchigen Untersuchungshaft bereits verbüßt war.

Die liberale Bestrafung von Delikten nicht nur im Bereich der Kleinkriminalität betrifft natürlich nichtdeutsche und deutsche Straftäter gleichermaßen. Der Kern des Problems liegt dabei weniger im Gesetzestext und dem dort festgelegten Strafmaß als vielmehr in dessen Umsetzung durch die Justiz. Viele Richter fällen Urteile, die sich am unteren Rand des möglichen Strafmaßes bewegen, weil sie von einer erzieherischen Wirkung der Strafe ausgehen, die sich durch Milde eher entfalten könne als durch lange Gefängnisaufenthalte. Das ist grundsätzlich eine gute und richtige Idee. Vergessen wird dabei allerdings gerne, dass die Täter, vor allem, wenn es sich um Intensivtäter handelt, oft nach kurzer Untersuchungshaft wieder in ihr kriminelles Milieu zurückkehren – der erzieherische Effekt einer Bewährungsstrafe verpufft rückstandslos.

In NRW beispielsweise hat sich zudem zwischen 2010 und 2015 die durchschnittliche Dauer eines Verfahrens vor den Landgerichten von 6 auf 7,6 Monate erhöht.[13] Die Überlastung der Gerichte führt dazu, dass sich die Zeitspanne zwischen Tat und Strafe so weit in die Länge zieht, dass das Gerichtsverfahren mitunter nicht mehr als Konsequenz eines Fehlverhaltens gesehen und im Falle einer geringen oder einer Bewährungsstrafe schlichtweg nicht mehr ernst genommen wird. Insofern halte ich eine schnelle und hinreichend harte Bestrafung besonders bei Intensivtätern für angebracht.

Meiner Ansicht nach sollte man darüber nachdenken, vermehrt den sogenannten Warnschuss-Arrest zu verhängen:

Hierfür müssen jugendliche Täter für bis zu vier Wochen hinter Gitter, falls von einer verhängten Bewährungsstrafe keine ausreichende erzieherische Wirkung zu erwarten ist. Da ein großer Teil der Nafri-Täter juristisch in die Altersklasse der Heranwachsenden (18–21 Jahre) oder der «unbegleiteten minderjährigen Flüchtlinge» fällt, käme das Jugendstrafrecht ohnehin in einer Vielzahl der Fälle zur Anwendung.

Überlegenswert wäre die Ausweitung des Warnschuss-Arrests über den engeren Bereich des Jugendstrafrechts hinaus. Zwar wird das Konzept des Warnschuss-Arrests oft kritisiert, mit dem Argument, dass derlei Gefängnisaufenthalte für manche überhaupt erst zum Sprungbrett für eine dauerhafte kriminelle Karriere werden. Aber das Konzept an sich scheint mir dennoch sinnvoll. Vielleicht bedarf es auch neuer Ansätze im Strafvollzug, um diese Tätergruppe effektiv von einer Fortsetzung ihrer kriminellen Aktivitäten abzubringen. Am wichtigsten scheint mir jedoch, dass sie die Konsequenzen für ihr Fehlverhalten durch den Freiheitsentzug sofort und unmittelbar erfährt – und nicht erst nach langer Wartezeit.

Die Folgen der milden Strafen konnten meine Kollegen und ich im täglichen Umgang mit den kriminellen Nafris vom Hauptbahnhof beobachten. Eines hatten sie schnell gelernt: Egal, wie wenig Respekt sie gegenüber der Polizei an den Tag legten, egal, wie sehr sie gegen gerichtliche Auflagen wie z. B. Platzverweise verstießen – ihnen passierte nicht viel. Und so antworteten einige von ihnen im Verhör auf die Frage, warum sie ausgerechnet hier in Deutschland tätig wären, auch unverblümt: Hier gebe es im Gegensatz zu anderen europäischen Ländern wie Frankreich eine Polizei, die sich streng an die Vorschriften halte, und eine eher milde Justiz, die sie mit geringen Strafen davonkommen lasse. Eine Geldbuße von 30 bis 40 Tagessätzen beispielsweise schreckt einen Täter nicht[14], wenn er auf ein Einkommen von 1 € pro Tag geschätzt wird und mit einem einzigen gestohlenen Smartphone 250 € verdienen kann – zumal erfolgreiche Diebe bis zu neun Stück in einer Nacht erbeuten.[15] Oft haben die Täter deshalb jeglichen Respekt vor der deutschen Polizei verloren. Das gilt erst recht für den weiblichen Teil der Belegschaft, mit dem auch nur zu kommunizieren sich viele der Täter weigern. Legendär wurde ein Vorfall, der sich bei uns in Köln abgespielt hat: Ein Tatverdächtiger stand während der Vernehmung plötzlich auf, beugte sich zur verhörenden Polizistin, die für einen Moment abgelenkt war, und leckte ihr übers Gesicht – seine Art, ihr zu demonstrieren, was er von ihrer Autorität als Beamtin hielt. Dieser Übergriff hatte keinerlei Konsequenzen für den Verhörten.

Man möge es mir nachsehen, wenn ich an dieser Stelle Präventionsprogramme wie das Projekt «klarkommen!», eine Vorzeigeinitiative des Landes Nordrhein-Westfalen in Kooperation mit der Arbeiterwohlfahrt, mit einer gewissen Skepsis betrachte. Das Team, das an drei Standorten (Dortmund, Duisburg und Köln) präsent ist, versucht seit 2014, junge Migranten von einer kriminellen Karriere abzubringen und ihnen Alternativen aufzuzeigen. Ein löbliches Vorhaben. Allerdings kam im April 2016 ans Licht, dass auch zwei Täter der Silvesternacht zu den Betreuten dieses Projekts gehörten.[16] Insgesamt sind im ersten Halbjahr 2016 in NRW 15 Teilnehmer von «klarkommen!» erneut strafrechtlich in Erscheinung getreten[17]. Unter den 95 ehemaligen Teilnehmern verzeichnete die Kölner Polizei bis Februar 2016 zwar einen deutlichen Rückgang an Straftaten, was als Erfolg für das Projekt gewertet wurde. Doch insgesamt bleibt die Bilanz allein aufgrund der zahlenmäßigen Begrenzung der Betreuten sehr überschaubar: Im Februar 2016 kümmerte sich die Sektion Köln um 28 jugendliche Straftäter. Gleichzeitig wurden in der ersten Jahreshälfte 2016 1255 Tatverdächtige aus den Maghreb-Staaten erfasst. Selbst wenn man in Betracht zieht, dass diese Statistik nur Ermittlungszwischenstände abbildet und somit noch nicht die Zahl der überführten Täter beschreibt, dürfte jedem klar sein, dass wir hier von nicht mehr als dem berühmten Tropfen auf dem heißen Stein reden.

Nun könnte man mehr Geld und Personal für solche Präventionsprojekte fordern. Und das ist sicherlich nicht verkehrt. Eine weitere Alternative bestünde darin, kriminelle Migranten ohne Aussicht auf Anerkennung als Asylsuchende schnellstmöglich auszuweisen. Das stieß bisher auf Hindernisse durch die hohen Hürden im Asylgesetz. Erst mit der Gesetzesnovelle im Rahmen des Asylpakets 2, das im März 2016 in Kraft trat, wurde hier Abhilfe geschaffen. Das Gesetz, das auf einen gemeinsamen Vorschlag von Innen- und Justizministerium zurückgeht, wurde von der Bundesregierung in ihren öffentlichen Statements explizit als Reaktion auf die Silvesterübergriffe bezeichnet. Die Novelle war meiner Meinung nach längst überfällig. Ich bin überzugt, dass man den teilweise unzumutbaren Zuständen am Kölner Hauptbahnhof und anderen Kriminalitätsschwerpunkten hätte beikommen können, wenn man ein solches Zeichen schon früher gesetzt hätte.

Denn mit der Novelle werden die Voraussetzungen dafür geschaffen, ausländische Straftäter schneller ausweisen zu können, wenn sie Straftaten gegen die körperliche Unversehrtheit oder die sexuelle Selbstbestimmung anderer Menschen begangen haben. Ebenso wird das Bleiberecht verwehrt im Falle einer Freiheitsstrafe von mehr als einem Jahr – und zwar unabhängig davon, ob sie zur Bewährung ausgesetzt wurde oder nicht. Aber auch weniger schwere Delikte wie eben Diebstahl – besonders wenn er gewerbsmäßig verübt wird – können nun zur Ausweisung führen.[18]

Es handelt sich also um Sanktionen, die einen Intensivtäter durchaus zum Nachdenken bringen sollten. Aber ist das Problem damit gelöst?

Leider nicht. Denn: Wohin sollen wir einen verurteilten Straftäter ausweisen, wenn sich weder seine Staatsangehörigkeit noch seine Identität einwandfrei klären lassen? Oder der Staat, in den er zurückgeführt werden soll, die Aufnahme verweigert? Nach der im Asylpaket 2 festgeschriebenen Definition gelten die Länder des Maghreb inzwischen als sichere Herkunftsländer, die kein Asyl rechtfertigen. Doch die Rückführung läuft nur schleppend an. Im April 2016 erfuhr Vizekanzler Sigmar Gabriel bei einem Staatsbesuch in Marokko von seinen Gastgebern, dass noch kein einziger Flüchtling zurückgeführt wurde, weil von deutscher Seite die verlangten Datensätze nicht geliefert wurden, die der marokkanischen Seite hätten verraten können, wen die Bundesrepublik eigentlich an sie zurückzuschicken beabsichtigt.[19]

Laut inoffiziellen Planungen soll Düsseldorf der zentrale Abschiebeflughafen für Nordafrikaner ohne Bleiberecht werden. Der nordrhein-westfälische Justizminister Thomas Kutschaty hat jedoch bereits die entsprechenden Pläne als praxisfern kritisiert. Nach derzeitigem Stand, sagt er, würde eine Rückführung aller in Deutschland befindlichen Asylbewerber aus dem Maghreb per Linienflug 20 Jahre dauern.[20]

Das Problem der kriminellen Nafris wird uns also, realistisch betrachtet, noch für eine ganze Weile begleiten. Umso wichtiger ist es, dass Justiz und Polizei hierzulande an einem Strang ziehen, klare Grenzen setzen und das kriminelle Milieu austrocknen. Dazu braucht es genügend Personal und den Willen, bei Wiederholungstätern Strafen zu verhängen, die wirklich wehtun und die Betreffenden für längere Zeit aus dem Verkehr ziehen. Wenn dazu noch das eine oder andere Präventionsprojekt funktioniert – umso besser.

Flüchtlinge – alles Kriminelle?

Wenn wir vor dem Hintergrund des eben Beschriebenen die Gesamtsituation am Kölner Bahnhof betrachten – haben die Silvesterübergriffe tatsächlich etwas mit der Flüchtlingskrise vom Sommer 2015 zu tun?

Schauen wir zunächst auf die allgemeine Situation: Durch die wachsende Anzahl von Krisenherden auf der Welt ist die Zahl der Asylerstanträge seit 2007 stetig gestiegen. Waren es damals noch 19 164 Erstanträge und 11 139 Folgeanträge, so wurde 2015 ein vorläufiger Höhepunkt erreicht: Knapp 177 000 Asylanträge wurden in diesem Jahr gestellt. Bis Ende 2015 registrierte das EASY-System – die Software, die die Verteilung der Asylsuchenden auf die Erstaufnahmeeinrichtungen in den Ländern regelt – über 1 Million Menschen, die Asyl beantragen wollten[21], sowie weitere 272 185 Neuzugänge bis September 2016.

Diese Zahlen bilden allerdings nicht die tatsächliche Anzahl der Asylanträge in den genannten Zeiträumen ab, denn einige nutzen Deutschland nur als Transitland auf dem Weg in andere Länder. Für sie ist Deutschland nur eine Durchgangsstation auf dem Weg nach z. B. Skandinavien, wo Familienmitglieder leben. Häufig werden diese Menschen am Bahnhof von Schleusern zur Weiterfahrt abgeholt und fallen dann den Polizeistreifen ins Auge, während sie die Transportmittel wechseln – Köln wird so zum vorläufigen Endpunkt ihrer Flucht, denn ohne Papiere und Aufenthaltsgenehmigung können die Beamten sie nicht weiterziehen lassen. Manche Flüchtlinge entscheiden sich auch dafür, als illegale Einwanderer in Deutschland abzutauchen.

Da folglich nicht alle einreisenden Ausländer einen Asylantrag stellen, können die offiziellen Zahlen nur als Richtwert dienen. Von Januar bis September 2016 verzeichnete das Bundesamt 657 855 Erst- und Folgeanträge.[22] Alles in allem ist es die höchste Zuwanderungsquote seit Bestehen der Bundesrepublik, auch wenn es im Jahr 1992 einen ähnlichen Spitzenwert gab[23].

Diesen Anstieg bekamen wir Bundespolizisten deutlich zu spüren, da die Bearbeitung von Asylanträgen bald einen Großteil unserer polizeilichen Arbeit ausmachen sollte.

Rechtlich gesehen gilt jeder Migrant, der in Köln aus dem Zug steigt und kein EU-Bürger ist oder Ausweispapiere mit einem gültigen Visum hat, als illegaler Einwanderer. Solange er nicht von sich aus darauf hinweist, dass er Asyl beantragen möchte, wird sein Fall als Strafsache behandelt, und er erhält eine Anzeige wegen illegalen Aufenthalts. Zwischen der Aufnahme als Asylbewerber und einer strafrechtlichen Verfolgung liegt also nur die Nennung dieser vier Buchstaben.

Da der Kölner Bahnhof kein Grenzbahnhof ist, haben wir uns oft gefragt, was die Asylsuchenden veranlasste, ihre Anträge ausgerechnet in unserer Wache zu stellen, denn möglich wäre das in jeder beliebigen Polizeidienststelle in Köln oder anderswo gewesen. Entweder musste eine Art Mund-zu-Mund-Propaganda existieren, dass in Sachen Asylantrag die Wache am Hauptbahnhof die erste Wahl sei. Oder aber, ganz profan, die zentrale Lage des Bahnhofs und seine Lage neben dem weithin sichtbaren Wahrzeichen der Stadt, dem Kölner Dom, machte auch für Asylsuchende, die nicht mit dem Zug ankamen, unsere Dienststelle zur Adresse der Wahl.

Während meiner Dienstzeit führte häufig ich die Erstgespräche mit den Asylsuchenden, weil ich neben Englisch auch Französisch spreche, was in vielen Ländern vom Maghreb bis südlich der Sahara bis heute eine der offiziellen Landessprachen ist. Als Erstes versuchte ich immer herauszufinden, welche Sprache der Betreffende sprach und aus welchem Land er kam. Manchmal saß eine Familie mit fünf müden und verängstigten Kindern vor mir, die ihren kompletten Hausstand im Gepäck mit sich führte. Die Kommunikation war oft schwierig. Ich versuchte die Stimmung etwas aufzulockern, indem ich den Kindern Süßigkeiten gab, die ich aus unserem Aufenthaltsraum in der ersten Etage holte – meist gelang es mir, mit derlei Kleinigkeiten eine angenehme Kommunikationsbasis zu schaffen, um herauszufinden, mit wem ich es zu tun hatte.

Vielen war die Schwere des Schicksals, vor dem sie geflohen waren, anzusehen, ebenso wie das Hoffen auf Zuflucht, Sicherheit, Frieden. Wenn ich die Menschen nach ihrer Fluchtroute fragte, war ich oft erstaunt, wie lange diese Leute schon unterwegs gewesen waren, bis sie Deutschland erreicht hatten. War ich bei den ersten Gesprächen noch von zwei, drei Wochen ausgegangen, wusste ich bald: Praktisch keiner der Befragten war weniger als ein halbes Jahr unterwegs gewesen. Ich hörte viele erschütternde Geschichten von Leiden und Entbehrungen, von Familienangehörigen, die auf der Flucht ums Leben gekommen waren, und von der vom Krieg verwüsteten Heimat. Eine Kollegin in Bayern erfuhr auf die Frage nach dem Verbleib des Vaters der Familie, er sei unterwegs von einer Bombe getötet worden – vorgetragen wurde das mit einer verstörenden Beiläufigkeit, unter der gleichwohl der Schock und die Traumatisierung mehr als deutlich zu spüren waren.

Viele der Flüchtlinge waren auf ihrem Weg zu unfreiwilligen Aufenthalten gezwungen gewesen und hatten versucht, auf verschiedenste Weise ihr Überleben zu sichern. Ich erinnere mich an einige Begegnungen mit Flüchtlingen, die mir erzählten, wie sie zunächst in einem Erstaufnahmelager in Spanien gestrandet waren, das sie irgendwann einfach verlassen hatten, weil sich keiner dafür interessierte, wohin sie gingen. Oder davon, wie die Italiener die Flüchtlinge, die ihre Marine aus dem Meer gefischt hatte, in Auffanglager steckten und dort sich selbst überließen, ohne auch nur die geringste Verantwortung für sie zu übernehmen. Andere hatten aberwitzig verschlungene Reiserouten von Griechenland aus gen Westen genommen, um zu vermeiden, unterwegs von lokalen Polizeibeamten aufgehalten zu werden. Und oft wurden elende Zeltlager am Rande von Städten wie Rom oder Venedig zu unfreiwilligen Zwischenstationen, wo die Flüchtlinge versuchten, sich mit Straßenhandel über Wasser zu halten. Verkauft wurde alles, von gefälschten Sonnenbrillen bis hin zu Marihuana (Letzteres deutete man mir als Polizeibeamten freilich lediglich an). Aus den Erzählungen eines marokkanischen Pärchens ging sogar hervor, dass die junge Frau sich unterwegs hatte prostituieren müssen, um das Geld für die Weiterreise zusammenzubekommen – solche Geschichten gingen mir sehr nah, doch für allzu viel Mitgefühl fehlte meist die Zeit.

Nach der Befragung mussten wir die Flüchtlinge ins Polizeipräsidium überstellen und vorher gründlich durchsuchen. «Gründlich durchsuchen» heißt: nicht nur das gesamte Gepäck, sondern auch die Ankommenden selbst, die sich dafür komplett entkleiden müssen (selbstverständlich nach Geschlechtern getrennt). Dabei suchten wir vor allem nach Papieren, die z. B. die Staatsangehörigkeit dokumentieren, aber auch nach Messern, Spritzen und Glasscherben oder Drogen, mit denen die Person sich und andere gefährden könnte.

Spätestens dann, wenn wir die männlichen Flüchtlinge

auffordern mussten, sich auszuziehen, trübte sich die Stimmung meist deutlich. Für niemanden ist es angenehm, sich vor Fremden auszuziehen oder sich von ihnen abtasten lassen zu müssen – und gerade diese Menschen werden sich gefragt haben, warum sie nach ihrer entbehrungsreichen Flucht wie potenzielle Straftäter behandelt wurden. Besonders Männer aus muslimischen Ländern hatten mit dieser Maßnahme meist erhebliche Probleme. Viele kamen unseren Aufforderungen nur sehr zögerlich und unter Protest nach. Wir Bundespolizisten hatten aber nun mal die Pflicht, diese Untersuchung mit der nötigen Sorgfalt durchzuführen.

An manchen Tagen waren wir wegen der zunehmenden Zahl der Asylbewerber (wohlgemerkt sprechen wir hier von 2012, nicht erst von 2015) für Stunden an den Schreibtisch gefesselt, um mit den Ankömmlingen die Prozedur der Antragstellung zu durchlaufen – eine Arbeit, für die genauso gut ein Mitarbeiter der Ausländerbehörde hätte eingesetzt werden können. Dafür braucht man keine Polizeiausbildung. Nicht selten kamen wir uns vor wie die Aushilfsschreibkräfte einer Asylpolitik, die weder organisatorisch noch institutionell oder finanziell auf die Herausforderungen vorbereitet war, die der stetig anwachsende Zustrom an Flüchtlingen für das Land bedeutete.

Natürlich nahmen wir das nicht widerstandslos hin und beschwerten uns permanent bei unseren Vorgesetzten über die Situation. Die Realität sah am Ende so aus, dass sie ebenfalls Asylanträge bearbeiten mussten, weil auch ihre Beschwerden über die schlechte Personaldecke an höherer Stelle auf keinerlei Resonanz stießen. Die Strategie sowohl der Sicherheitsbehörden als auch der Politik bestand in dieser Hinsicht in einer Verwaltung des Mangels. Die Regierung reagierte nach dem Prinzip: Wenn wir nur fest genug die Augen verschließen, hört es vielleicht von selbst auf.

Heute wissen wir, dass «es» das nicht tat. Und dennoch verhielt sich die Politik im Sommer 2015, als habe sie die Flüchtlingskrise wie ein Blitz aus heiterem Himmel getroffen. Es gab keine vorausschauende Strategie, die sich der Tatsache gestellt hätte, dass die weltweiten Flüchtlingsströme zwangsläufig zu einer erhöhten Aufnahme von Menschen würden führen müssen.

Obwohl die Bundespolizei also daran gehindert wurde, ihre eigentlichen Aufgaben zu erfüllen, und wir das auch immer wieder kundtaten, hatten wir nicht den Eindruck, dass die (politisch) Verantwortlichen sich dafür interessierten, etwas über den wahren Stand der Dinge zu erfahren. Unnötig zu betonen, wie frustrierend das für alle Beteiligten war. Die Leidtragenden dieser Realitätsverweigerung waren die Staatsbediensteten auf der unteren Stufe der Hierarchie, zum Beispiel wir Bundespolizisten oder die Angestellten der Ausländerbehörden – von den Flüchtlingen selbst ganz zu schweigen.

Die nordafrikanischen Intensivtäter am Hauptbahnhof wussten sich diese Situation für ihre eigenen Zwecke zunutze zu machen: Die verdeckten Ermittler verzeichneten nämlich immer dann eine erhöhte Aktivität unter den Trickdieben, wenn die Einsatzkräfte der Bundespolizei wegen der Aufnahme eines Schwungs neu angekommener Asylbewerber an ihre Dienststelle gebunden waren. Als sie der Sache nachgingen, fanden sie heraus, dass polizeibekannte Nafris sich in scheinbar selbstloser Hilfsbereitschaft der ankommenden Flüchtlinge annahmen und ihnen den Weg zu unserer Dienststelle wiesen – im Wissen, dass sie daraufhin für die nächsten Stunden ungestört ihrer Arbeit nachgehen konnten.

Parteien am rechten Rand machen entsprechend erfolgreich Politik damit, die Flüchtlinge generell als Sicherheitsrisiko darzustellen. In Mecklenburg-Vorpommern, der Heimat unserer Bundeskanzlerin, konnte die AfD mit solchen Schreckensszenarien bei den Landtagswahlen im Herbst 2016 einen triumphalen Wahlerfolg einfahren und mit 20,8 % der Stimmen selbst die CDU überholen – in einem Bundesland mit einem Ausländeranteil von gerade einmal 3 %.

Was aber ist dran an der Angst vor den «massenhaft kriminellen» Flüchtlingen? Macht sich der Zuwachs an Zuwanderern wirklich in einem Zuwachs an Straftaten bemerkbar, wie manche behaupten? Wirft man einen Blick in die Polizeiliche Kriminalitätsstatistik 2015 für Nordrhein-Westfalen, so könnte man tatsächlich dieser Meinung sein, da der Anteil an nichtdeutschen Tatverdächtigen von 29 % auf 33,9 %[24] angestiegen ist. Ihre Anzahl nahm damit im Vergleich zu 2014 um 18,8 % zu.[25] Auch bundesweit ist ein Zuwachs an nichtdeutschen Tatverdächtigen von 12,8 %[26] gegenüber dem Vorjahr zu verzeichnen. Dabei unterscheidet die Kriminalitätsstatistik für das Jahr 2015 erstmals zwischen Straftaten mit und ohne ausländerrechtliche Verstöße. Tatbestände wie illegale Einreise oder die Verletzung von Wohnsitz- oder Aufenthaltsauflagen, für die Deutsche von vornherein nicht in Frage kommen, werden herausgefiltert. Sie hatten, was die Straffälligkeit von Ausländern und Migranten angeht, in der Vergangenheit für ein verzerrtes Bild in der Kriminalitätsstatistik gesorgt.

Ferner muss man zwei weitere Punkte beachten: «nichtdeutsch» bedeutet nicht notwendig Migrant oder Flüchtling, sondern bezieht sich auf alle ausländischen Verdächtigen, die einer Tat auf deutschem Staatsgebiet bezichtigt werden, seien es Touristen, Fernfahrer oder Austauschstudenten – ein Umstand, der gerade bei Großstädten eine Rolle spielt. In Berlin kamen im Jahr 2015 4 864 800 ausländische Touristen auf 3,5 Millionen Einwohner[27], in Köln waren es 2,08 Millionen ausländische Touristen[28] – fast doppelt so viele, wie die Stadt

Einwohner hat. Wenn man dann noch mit einbezieht, dass sich durch den Zustrom von über 1 Million Flüchtlingen im Jahr 2015 das prozentuale Verhältnis zwischen Deutschen und Nichtdeutschen zugunsten der Nichtdeutschen verändert hat, ergibt sich unterm Strich, dass insgesamt keine signifikante Zunahme im Bereich der Ausländerkriminalität festzustellen ist. Das gilt allerdings nicht für spezielle Formen von Verbrechen, die sich (sowieso und seit Jahren) fest in der Hand ausländischer Tätergruppen befinden. Der Anteil nichtdeutscher Täter bei Taschendiebstählen macht beispielsweise bundesweit ganze 75,7 % aus (oder 80,2 %[29] in Nordrhein-Westfalen) und steht damit einsam an der Spitze der Statistik. Aber auch bei Wohnungseinbrüchen (40,2 %) oder Raubdelikten (38,4 %) sind nichtdeutsche Täter bundesweit überdurchschnittlich vertreten.[30]

Hannes Soltau weist in seinem ZEIT-Artikel zur Kriminalitätsstatistik 2015[31] auf einen weiteren Faktor hin, der beim Phänomen der Ausländerkriminalität gerne unterschlagen wird: die Sozialstruktur. Die meisten der in Deutschland lebenden Ausländer seien männlich, jung und ärmer als der Durchschnitt, lebten außerdem in Großstädten und ließen sich in diesem Umfeld eher zu kriminellem Verhalten verführen als die Vertreter der deutschen Mehrheitsgesellschaft mit ihrer ausgeglicheneren Geschlechterverteilung, gleichmäßigeren Altersstruktur und ihrem höheren Lebensstandard. Genau diese Faktoren beeinflussten aber die Straffälligkeit von Ausländern und führten in der Statistik zu einem verzerrten Gesamtbild.

Im Klartext: Würden wir im Rahmen eines Experiments alle Deutschen in der Bundesrepublik gegen eine andere, neutrale Bevölkerungsgruppe austauschen, um anschließend deutsche Zuwanderer in diesem Land anzusiedeln, die denselben Bevölkerungsanteil und dieselbe Sozialstruktur aufwiesen wie im realen Deutschland die Gruppe der Nichtdeutschen (nämlich potenziell eher arm, männlich und jung), erhielten wir auf der Basis der empirisch erfassten realen Daten eine sehr ähnliche Kriminalitätsstatistik.

Dem Soziologen Rainer Geißler zufolge sind in Deutschland wohnhafte Ausländer verglichen mit Deutschen, die einer ähnlichen sozialen Schicht entstammen, sogar weniger kriminell[32], was den Umkehrschluss zulässt, dass in unserem theoretischen Gedankenspiel die deutschen Zuwanderer auf der Basis der real erhobenen Daten sogar krimineller wären als ihre nichtdeutschen Gegenüber.

Ulf Küch, der Chef der Braunschweiger Kriminalpolizei, rief im August 2015 die «Sonderkommission Asyl» ins Leben, die sich speziell der Kriminalität in den Erstaufnahmelagern und Wohnheimen seiner Stadt widmete. Für viele kam diese Initiative zur Unzeit, und Küch bekam sofort viel Gegenwind zu spüren. Denn mit seiner Soko hatte er ein Tabu gebrochen: «Es war Unverständnis insgesamt», so Küch in einem Interview. «Es war die Phase (…), wo diese Willkommensstimmung alles andere überwog und wir uns schon Gedanken gemacht haben, was ist eigentlich, wenn alles doch nicht so gutgeht. Das haben einige am Anfang nicht verstanden und dachten, das wäre kein achtsamer Umgang mit Flüchtlingen.»[33] Um die Gemüter zu beruhigen, wurde die neue Sonderkommission noch in ihrem Gründungsmonat in Soko ZERM (Kurzform für «Zentrale Ermittlungen») umbenannt. «Da muss man schon einen langen Atem haben», schreibt Küch in seinem Buch, in dem er seine Erfahrungen schildert. «Ich habe kürzlich in einem Fernsehinterview gesagt, dass ich inzwischen alle politischen Richtungen durchhabe. Von den einen bin ich als Linker beschimpft worden, von den anderen als Rechter.»[34] Für diejenigen, die Küch vorschnell zum Ausländerfeind abstempeln wollten, dürfte das Fazit seines Buches überraschend gewesen sein: Zwar bestätigt der Kripo-Beamte, dass es in Braunschweig im Umfeld der dortigen Erstaufnahmeeinrichtung tatsächlich zu einer signifikanten Steigerung bestimmter Straftaten wie Ladendiebstähle, Wohnungseinbrüche und zu «Antanzversuchen» kam. Doch er weist anhand konkreter Daten nach, dass diese Taten auf eine Minderheit von Tätern zurückgehen, die mit den «klassischen» Flüchtlingen nichts zu tun haben. Vor allem aber stellt er fest, dass die Kriminalitätsrate unter den Flüchtlingen insgesamt ziemlich genau der Kriminalitätsrate innerhalb der deutschen Bevölkerung entspricht. Den Erhebungen seiner Soko zufolge wurden von den 40 000 Flüchtlingen, die nach Braunschweig kamen, gerade einmal 1 bis 1,5 Prozent kriminell.[35]

Ulf Küch zeigt sehr schlüssig, was hinter vordergründig erschreckenden Zahlen wie einer Steigerung bei Wohnungseinbrüchen um 46 % wirklich steckt, die beispielsweise ein AfD-Vertreter in der ARD-Talkshow von Anne Will gegen ihn ins Feld führte. Sie bedeuten nämlich in der Praxis, dass in einem wohlsituierten Viertel mit durchschnittlich zehn Einbrüchen pro Jahr nun vier bis fünf zusätzliche Einbrüche stattgefunden hatten, die von der Soko aufgeklärt werden konnten. Bei diesen und anderen Verbrechensbranchen sanken die Raten wieder auf ein «normales» Maß, nachdem die Soko die Täter verhaftet hatte.[36]

Aber Studien und das Wissen um prozentuale Anteile helfen den Opfern in der Realität wenig. Jedes Verbrechen trifft den Geschädigten zu hundert Prozent. Man wird sich also nur schwer der Tatsache verschließen können, dass aufgrund einer steigenden Zahl ausländischer Zuwanderer in absoluten Zahlen auch mehr Straftaten in Deutschland geschehen. Das hat allerdings nichts damit zu tun, ob die neu Hinzugekommenen aus einer anderen Kultur zugewandert oder hier geboren sind. Hätte dieses Land durch einen drastischen Geburtenzuwachs vor zwanzig Jahren plötzlich eine Million neuer Einwohner gewonnen anstelle der Million, die jetzt als Flüchtlinge zu uns gekommen sind, dann hätten wir, rein statistisch gesehen, ebenso einen Zuwachs an Straftaten zu verzeichnen, so, wie er sich jetzt zeigt.

Ich bin überzeugt, dass Statistiken einem dabei helfen können, über den Tellerrand des eigenen Erlebens hinauszuschauen, das größere Bild zu erfassen und zu überprüfen, ob die Erfahrungen, die man gemacht hat, tatsächlich verallgemeinerbar sind – oder doch nur ein (kleiner) Ausschnitt der Realität. Gerade die heutzutage für praktisch jeden zugänglichen sozialen Netze trüben bei vielen Menschen den Blick auf die realen Verhältnisse. Allzu oft werden dort seriöse Informationen durch propagandistische Hetze und Fakten durch Stimmungen und Ressentiments ersetzt. Deswegen lautet meine Empfehlung: Lasst uns Ruhe bewahren und Probleme vernünftig und mit kühlem Kopf diskutieren. Hasskommentare sind einer aufgeklärten demokratischen Gesellschaft nicht würdig. Jeder sollte sich immer wieder die Mühe machen, seine Urteile (oder Vorurteile) einem Realitätstest zu unterziehen. Darum würde ich auch unseren Politikern nahelegen, sich die Zahlen und Fakten unbeeinflusst von den eigenen Ideologien und Vorurteilen genau anzusehen und daraus endlich die richtigen Schlüsse zu ziehen. Und das kann nur heißen, mehr Personal einzustellen, um Asylsuchenden zu helfen, aber ebenso kriminelle Ausländer als solche zu erkennen, sie dingfest zu machen und nicht zuzulassen, dass sie die große Mehrheit der Flüchtlinge mit ihren Taten in Misskredit bringen.

Denn wir sollten uns eines vor Augen halten: Es gab am Kölner Hauptbahnhof bereits lange vor der Silvesternacht zahlreiche Probleme, die jedem Verantwortlichen bekannt waren – oder zumindest hätten bekannt sein können.

Wie steht es nun also unter diesen Vorzeichen um den Zusammenhang zwischen dem Zustrom an Flüchtlingen und den Übergriffen am Kölner Hauptbahnhof?

Die allermeisten Täter der Silvesternacht konnten nicht identifiziert werden, folglich lässt sich nicht mit absoluter Sicherheit sagen, wie sich die Menschenmenge auf dem Bahnhofsvorplatz im Einzelnen zusammensetzte. Allerdings gilt es mittlerweile als erwiesen, dass Nordafrikaner den wesentlichen Teil der Täter ausmachten: Im Juni 2016 wurde die Zahl der Beschuldigten mit 183 angegeben – darunter 55 Marokkaner, 53 Algerier, 22 Iraker, 14 Syrer und 14 Deutsche. Darunter waren 73 Asylsuchende, bei 11 weiteren handelte es sich um Personen mit Aufenthaltserlaubnis und 36 hielten sich illegal in Deutschland auf.[37] Ende September erhöhte sich die Zahl aufgrund neuer Ermittlungen noch einmal auf rund 300 Tatverdächtige, von denen die Mehrzahl aus Nordafrika stammt.[38]

Lassen Sie uns deshalb noch mal einen genaueren Blick auf diese Gruppe werfen: Die Zahl der nach Deutschland einreisenden Nordafrikaner nahm in der zweiten Jahreshälfte 2015 enorm zu. Allein im Dezember 2015 kamen laut Angaben des Bundesinnenministeriums 2296 Asylsuchende aus Algerien und 2896 aus Marokko nach Deutschland. Im Vergleich dazu waren es noch im Juni 2015 nur 647 Algerier und 329 Marokkaner gewesen. Insgesamt reisten über das gesamte Jahr hinweg 10 258 Marokkaner und 13 883 Algerier nach Deutschland, während die Zahl der Tunesier mit 1945 Einreisenden verhältnismäßig gering blieb.[39]

Ein Auslöser für den Anstieg war, dass sich im Maghreb

im Zuge der Flüchtlingskrise das Gerücht verbreitet hatte, Deutschland nehme unterschiedslos jeden auf, der um Asyl bitte. Für junge Menschen, die in ihren Ländern in ärmlichen Verhältnissen und völlig ohne Perspektive leben mussten, schien sich hier also das Tor zu einer hoffnungsvolleren Zukunft zu öffnen, die unbedingt das Wagnis einer risikoreichen Flucht wert war. Aki Abdul, Übersetzer für die Bundespolizei in Freilassing und selbst gebürtiger Marokkaner, erzählte im Januar 2016 über seine ankommenden Landsleute, für die er an der österreichischen Grenze dolmetschte: «(…) sie sagen zum Beispiel, dass die deutsche Regierung alle Leute eingeladen hat. Aber wir erklären ihnen, dass es nicht so ist. Wir nehmen Leute wegen Krieg auf, ja, aber wegen Arbeit und Wirtschaft können wir nicht jeden aufnehmen.»[40]

Die Aussicht auf Asyl für nordafrikanische Flüchtlinge ist also denkbar gering, weshalb sich einige von ihnen bei ihrer Ankunft als Syrer ausgaben. Von diesem Phänomen der gefälschten Staatsangehörigkeiten erzählten mir Exkollegen, die zu den sogenannten Bearbeitungsstraßen nach Bayern abkommandiert worden waren, wo ab Sommer 2015 die Flüchtlingsströme im Akkord registriert wurden. Amtlich bestellte Übersetzer – oft Muttersprachler – befragten damals rund um die Uhr die Ankommenden und trafen immer wieder auf angebliche syrische Bürgerkriegsflüchtlinge, die mit deutlich erkennbarem nordafrikanischem Akzent sprachen. Ich kenne das aus meiner Zeit in Köln: Einige der jungen Ankömmlinge waren, was ihre Herkunft und Reiseroute anging, auffällig sparsam mit Informationen. Doch wir hatten das gleiche Problem wie die Bundespolizisten in Bayern und mussten es bei einem Vermerk über den Verdacht des Übersetzers belassen und die «Bescheinigung über Meldung als Asylsuchender», kurz «Büma», ausstellen.

Vorsätzlich falsche Angaben bei einem Asylantrag sind

ein Ausschlusskriterium für die Anerkennung. Wer nachweislich unter falscher Flagge einreist, gelangt also gar nicht erst ins Asylverfahren, sondern kann sofort wieder ausgewiesen werden. Die Vermutung eines Dolmetschers, einen Betrüger vor sich zu haben, reicht für eine Ausweisung natürlich nicht aus. Also wurde dem Betreffenden seine angebliche Staatsbürgerschaft bestätigt; eine eingehende Prüfung der Identität fand erst statt, wenn der Asylsuchende sich bei der zuständigen Dienststelle des Bundesamtes für Migration und Flüchtlinge meldete, um einen formellen Antrag auf Asyl zu stellen. Das konnte er tun – oder auch sein lassen und sich mit seiner «Büma» zumindest eine Zeitlang legal in Deutschland aufhalten.

Bei einer Razzia in zwei Flüchtlingsunterkünften im westfälischen Ahlen Anfang 2016, wo Gruppen von Marokkanern und Tunesiern ihre Mitbewohner und das Personal terrorisiert und bedroht hatten, führte jeder zweite (!) der 150 überprüften Nordafrikaner gleich mehrere Ausweispapiere mit sich, die auf unterschiedliche Namen ausgestellt waren. Einige von ihnen hatten sich bei Problemen mit der Polizei einfach erneut in der Erstaufnahmeeinrichtung mit neuem Namen registrieren lassen.[41]

Der stetig zunehmende Strom an jungen Maghrebinern an der deutsch-österreichischen Grenze veranlasste die Bundespolizei in Bayern schließlich dazu, in Zweifelsfällen schon vor Ort, an der Grenze, die Herkunft der Asylbewerber zu ermitteln. So fragen die Übersetzer bisweilen geographische Gegebenheiten und Ortsnamen aus der angeblichen Heimat des Anwärters ab, wenn der Akzent – wie beispielsweise bei Libanesisch – zwar dem syrischen ähnelt, aber trotzdem Zweifel an der wahren Herkunft des Einreisenden bestehen. Wenn sich die Zweifel erhärten, weil der angebliche Syrer offensichtlich keine Ahnung von der Gegend hat, aus der er vorgibt zu stammen, wird er zurück über die Grenze nach Österreich geschickt. Um die Jahreswende 2015 / 16 waren das an einem einzigen Tag 450 Menschen.[42]

Dass sich viele junge Männer aus Marokko an der deutsch-österreichischen Grenze einfanden, war auch der Tatsache geschuldet, dass Marokkaner problemlos ohne Visum in die Türkei einreisen können, denn die Angehörigen der marokkanischen Ober- und Mittelschicht sind dort willkommene Feriengäste. Das machten sich nun auch die jungen Migranten aus den Armenvierteln von Casablanca bis Marrakesch zunutze. Sie reisen mit Billigflügen ab Casablanca ein, mischten sich von der Türkei aus unter die Flüchtlingsströme auf der Balkanroute in Richtung Deutschland, und manche von ihnen verwandelten sich unterwegs in Syrer.[43] Tatsächlich hatte ich selbst es bei den nordafrikanischen Flüchtlingen praktisch ausschließlich mit jungen Männern zu tun.[44]

Wie viele von den Tätern der Silvesternacht tatsächlich mit den Syrien-Flüchtlingen nach Deutschland gekommen sind, darüber lässt sich nur spekulieren. Denn eine große Gruppe junger Nordafrikaner war bereits vor der Flüchtlingskrise als illegale Migranten in Europa unterwegs; sie kam über Länder wie Frankreich, Spanien oder Italien nach Deutschland. Die überwiegende Mehrheit von ihnen war in den Armenvierteln ihrer Heimat zu Hause gewesen und hatte sich, weil sie dort weder eine Ausbildung noch eine berufliche Perspektive fand, auf den Weg in Richtung Europa gemacht. Das gilt insbesondere für die junge Generation, sofern sie nicht der kleinen, wohlhabenden Mittel- oder Oberschicht entstammt. Die Jugendarbeitslosigkeit in Marokko beispielsweise wird auf 30–40 Prozent geschätzt,[45] und dort wie auch in Algerien leben Tausende von Kindern und Jugendlichen auf der Straße.[46] Viele der nordafrikanischen Flüchtlinge haben sich in ihrer

Heimat in den Slums der Großstädte alleine durchschlagen müssen. Laut Isabelle Werenfels von der Stiftung Wissenschaft und Politik sind «(…) viele dieser Straßenkinder (…) uneheliche Kinder, um die sich niemand kümmert. Es sind vermutlich viele dabei, die schon in Marokko im kriminellen Milieu ihr Geld verdient haben.»[47] Häufig schickt auch eine Familie den ältesten Sohn auf den Weg nach Deutschland, damit er von dort aus Geld senden kann. Vor allem wegen der Ausgaben für die Schleuser werden dabei schnell hohe Kosten fällig, die die jungen Flüchtlinge refinanzieren müssten. Dabei geraten sie in Deutschland auf der Suche nach Anschluss schnell an Landsleute, die Teil der kriminellen Strukturen vor Ort sind und die sie auf die schiefe Bahn bringen – so, wie es auch zu Silvester in Köln zum Tragen gekommen ist.[48]

Sich bei der Erstaufnahme als Syrer auszugeben sichert den Ankömmlingen aus Nordafrika also zunächst das einstweilige Bleiberecht. Aber selbst diejenigen, die sich mit ihrer wahren Identität in ein eigentlich aussichtsloses Asylverfahren begeben (auch diese gibt es), erhalten zumindest für die Dauer des Verfahrens ein Bleiberecht, das die Kriminellen unter ihnen dazu nutzen können, um maximalen Profit aus den wenigen Monaten ihres Aufenthalts zu schlagen. Wird ihr Antrag abgelehnt, ergibt sich für die deutschen Behörden allerdings das nächste Problem: Wer einen abgelehnten Asylbewerber ausweisen will, muss ein Herkunftsland haben, das bereit ist, seinen Bürger zurückzunehmen. Das aber stößt, wie bereits erwähnt, bei den Maghreb-Staaten auf größere Schwierigkeiten. Haben es die jungen Nordafrikaner also bis nach Deutschland geschafft, bleiben sie in der Regel erst einmal hier.

Seit langem in Deutschland ansässige Nordafrikaner verfolgen die Ankunft dieser Welle von Auswanderern aus ihrer alten Heimat durchaus mit Unbehagen, weil sie befürchten, durch sie in der Öffentlichkeit in Misskredit zu geraten. Für sie sind diese jungen Landsleute Unruhestifter, die auch zu Hause im Maghreb nicht wohlgelitten waren. Deshalb legen sie verständlicherweise großen Wert darauf, mit den potenziellen Straftätern nicht in einen Topf geworfen zu werden. Verlässliche Hinweisgeber für die «Ermittlungsgruppe Casablanca» der Düsseldorfer Polizei sind deshalb auch häufig die nordafrikanischen Inhaber von Cafés und Ladengeschäften im Bahnhofsviertel, in denen sich die Szene der jungen kriminellen Marokkaner, Tunesier und Algerier häufig trifft.[49]

Es hat wenig Sinn, die Augen davor zu verschließen, dass sich bestimmte Tätergruppen aus bestimmten Ländern oder kulturellen Räumen rekrutieren. Vergleicht man z. B. die Kriminalitätsrate von illegal eingewanderten Syrern mit der von illegal eingewanderten Nordafrikanern, so standen laut einer Erhebung vom Januar 2016 0,5 % tatverdächtige Syrer einem Anteil von 40 % tatverdächtigen Nordafrikanern gegenüber.[50]

Trotzdem: Die Ereignisse am Hauptbahnhof haben recht wenig mit den Asylsuchenden zu tun, die auf der Flucht vor Krieg und Verfolgung sind. Das Gros der Täter umschließt vielmehr eine bestimmte, fest umrissene soziale Gruppierung von jungen Männern aus Nordafrika, mit denen es auch zuvor schon Probleme gab. So kommentiert denn auch der Braunschweiger Kripo-Chef Ulf Küch: «Nein, meine lieben Politikerinnen und Politiker. Diese Suppe hat sich nicht die Polizei eingebrockt. Das ist von ‹langer Hand› vorbereitet gewesen. Jetzt ruft man ‹Haltet den Dieb›, meint damit die Polizei und die Ausländerverwaltung und schlägt sich in die Büsche.»[51]

Dabei legt Küch Wert darauf, dass das Benennen dieser Fakten eben nicht bedeuten kann, bestimmte Ethnien unter Generalverdacht zu stellen. Wie er ganz richtig sagt: Es gibt keine kriminellen Völker. Diese Aussage kann ich nur unterstreichen.

Zwar kann man nicht von der Hand weisen, dass einige der Täter durch Angela Merkels Politik der offenen Tür ins Land gekommen sind – was aber letztlich eher auf die Defizite bei der Registrierung der einreisenden Flüchtlinge verweist als darauf, dass diese Politik grundsätzlich falsch ist. Denn die Täter der Silvesternacht sind, das möchte ich an dieser Stelle ausdrücklich betonen, keinesfalls repräsentativ für die Bevölkerung ihres Landes, geschweige denn für die teils seit Jahrzehnten bei uns lebenden Algerier, Marokkaner oder Tunesier. Vielmehr handelt es sich um eine hochkriminelle Minderheit, die im Strom der Flüchtlinge mitschwimmt.

Und noch eine weitere Tatsache verdient unsere Aufmerksamkeit: Zwischen Januar und Mai 2016 waren von 205 929 registrierten Asylsuchenden gerade mal 2523 Marokkaner – also wenig mehr als 1 %.[52] Damit belegten sie Platz 10 in der Liste der Herkunftsländer. In den Top Ten von Januar bis August dagegen tauchen bereits überhaupt keine Asylsuchenden aus Nordafrika mehr auf – wie schon im Berichtsjahr 2015.[53] Sie stellen also eine verschwindend kleine Minderheit unter den Flüchtlingen dar. Und auch diese Minderheit besteht natürlich keineswegs ausschließlich aus Straftätern, wie das von gewissen Kreisen gerne suggeriert wird.

Für eines können jedenfalls die Silvesterereignisse nicht herhalten: nämlich für die Behauptung, dass die Zuwanderung von Flüchtlingen überwiegend Kriminelle ins Land gespült hat.

Brennpunkt Hauptbahnhof – die Frage nach den Schuldigen

Die Ereignisse in der Silvesternacht waren nicht das erste Mal in der jüngeren Vergangenheit, dass die Polizei in Köln völlig in die Defensive gedrängt wurde. Einen ähnlich verheerenden Eindruck hinterließ in der Öffentlichkeit schon etwas über ein Jahr zuvor die Demonstration der «Hooligans gegen Salafisten», kurz: Hogesa. Auch hier wurde die Umgebung des Hauptbahnhofs zur Bühne für Ausschreitungen, die jedes bis dahin bekannte Maß überstiegen. Am 24. Oktober 2014 standen auf dem Breslauer Platz auf der rückwärtigen Bahnhofsseite knapp 1000 Polizisten etwa 4800 gewaltbereiten, zum Teil offen rechtsradikalen Randalierern gegenüber, die auf ihrem Zug durch die Innenstadt in Richtung Rheinufer Passanten, ausländische Touristen, echte oder vermeintliche Gegendemonstranten und vor allem Polizisten gezielt angriffen.[54] Es kam in der Folge zu wahren Straßenschlachten, bei denen Flaschen, Bengalos und in einem Fall sogar der Betonfuß eines Pollers flogen, der bei einem (zum Glück behelmten) Polizisten zu einer Schädelprellung führte. Wasserwerfer kamen zum Einsatz.[55] Zum fatalen Symbolbild dieses aus dem Ruder gelaufenen Einsatzes wurde der Polizeitransporter, den die Hooligans am Höhepunkt der Ausschreitungen auf die Seite kippten.[56]

Schon damals gerieten der nach den Silvesterübergriffen abgelöste Polizeipräsident Wolfgang Albers sowie Innenminister Ralf Jäger in die Kritik. Vor allem stand für die Öffentlichkeit die Frage im Raum, wie die Situation im Vorfeld so falsch hatte eingeschätzt werden können.

Aber nicht allein bei der Einsatzplanung wurden Fehler gemacht. Für uns Polizisten stellte sich noch eine ganz andere

Frage: Warum hatte die Stadtverwaltung eine Demonstration mitten im Zentrum genehmigt, wenn die potenzielle Gewalttätigkeit der Veranstalter sich schon im Namen der Initiative ausdrückte? Es war nämlich, gelinde gesagt, mehr als unglücklich, eine Veranstaltung von erklärten Hooligans unmittelbar an einem Nah- und Fernverkehrsknotenpunkt wie dem Kölner Hauptbahnhof zuzulassen. Nicht nur, dass man unbeteiligte Passanten dadurch massenhaft in Gefahr brachte und zugleich den Gewalttätern reichlich Anlass gab, angespornt durch das Publikum, noch weiter aufzudrehen – es war auch deshalb fahrlässig, weil es dort keine Möglichkeit gibt, den Zulauf an Demonstrationsteilnehmern abzuschätzen. Gewalttätige Demonstranten konnten so relativ unbemerkt in der Anonymität der Masse anreisen und sich nach den Ausschreitungen mit dem nächstbesten Reisezug unmittelbar wieder absetzen. Die Rechnung zahlten auch diesmal die Einsatzkräfte vor Ort, die auf verlorenem Posten gegen eine Überzahl von aufgeputschten Gewalttätern standen, bei denen die kruden fremdenfeindlichen Parolen lediglich ein Vorwand für hemmungslose Aggression und Zerstörungswut waren.

Doch welche Lehren kann man aus dem katastrophalen Einsatz rund um die Hogesa-Demonstration ziehen? Mit Sicherheit, dass man den Kölner Hauptbahnhof und andere brisante Einsatzgebiete besser absichern und ihre besonderen Charakteristika in die Einsatzplanung mit einbeziehen muss. Aber auch, dass sich die Stadt Köln der kritischen Lage des Hauptbahnhofs bewusst sein sollte, wenn sie in Zukunft über die Genehmigung von Demonstrationen und Großveranstaltungen in und um den Bahnhof entscheiden muss. Ein Ort, der so nahe am touristischen Herz der Stadt liegt und der sich durch unübersichtliche städtebauliche Gegebenheiten auszeichnet, sollte eigentlich als Veranstaltungsort für potenziell gewalttätige Versammlungen oder Demonstrationen tabu sein. Solange die Polizei personell nicht in der Lage ist, dem *Worst Case* standzuhalten, wäre eine Sperrung des Bahnhofsvorplatzes und des Breslauer Platzes auf der anderen Bahnhofsseite sowie anderer kritischer Stellen in der Umgebung bei derartigen Ereignissen dringend zu empfehlen.

Innenminister Jäger jedenfalls bekannte nach den Hogesa-Ausschreitungen selbstkritisch: «Mit den Erkenntnissen von heute wäre der Einsatz mit mehr Polizei gefahren worden.»[57] Eine weitere Hogesa-Demonstration im Jahr darauf wurde denn auch auf die andere Rheinseite verlegt und ging zwar nicht ohne, aber mit wesentlich weniger Zwischenfällen über die Bühne. Man hätte schon meinen können, Stadt und Land hätten aus den Vorkommnissen gelernt und eine Sensibilität für derartige Gefährdungslagen entwickelt.

Doch dann kam der 31. Dezember 2015.

Noch Monate nach der Kölner Silvesternacht sind die Schockwellen nicht völlig verebbt, ist das Thema nach wie vor präsent in Leitartikeln, Zeitungsdossiers, Talkshows und Rundfunkfeatures. Im Mai 2016 kochte kurzzeitig die Frage hoch, ob «die deutschen Männer» in der Silvesternacht nicht in der Lage gewesen seien, «ihre» Frauen zu beschützen. Angestoßen wurde die Diskussion durch den Historiker und Gewaltforscher Jörg Baberowski, der bei einer Veranstaltung des Philosophie-Festivals Phil.Cologne mit Bezug auf die Silvesterübergriffe die These vertreten hatte, dass Männer in Deutschland nicht mehr wüssten, wie man mit Gewalt umgehe. Sein Zusatz «Gott sei Dank» wurde dabei meist unterschlagen, denn Zeitungskommentatoren und Boulevardjournalisten, die vermutlich noch nie bei einem Rockkonzert oder auch nur beim Kölner Karneval gewesen waren, hielten den Begleitern der belästigten Frauen vor, sich nicht mutig genug für diese in den Kampf geworfen zu haben. Eine Erklärung, wie man so etwas bewerkstelligen sollte, wenn man in einer chaotischen Menschenmasse plötzlich von seiner Freundin oder Frau getrennt wird, lieferten sie freilich nicht mit. Angesichts der Dynamik der Menschenmassen wäre der Versuch einzuschreiten in den meisten Fällen nämlich in etwa so vergeblich gewesen, wie einen Tsunami mit bloßen Händen zu stoppen. Aber Heldentum war ja schon immer am leichtesten einzufordern, wenn man warm und sicher am Schreibtisch sitzt.

Nicht einmal die betroffenen Frauen konnten nachher in allen Fällen eindeutig sagen, von wem sie aus der Menge heraus begrapscht und belästigt worden waren. In der Anonymität der Masse fanden die Taten punktuell und über mehrere Stunden verteilt statt, sodass manch einer überhaupt nichts von den Übergriffen mitbekam, wie auch GdP-Vorstand Arnold Plickert in einem Interview bestätigt: «Ich habe mit Leuten der Hundertschaft gesprochen, die da eingesetzt waren. Die sind schon schwer betroffen, dass sie sagen, wir waren da, wir haben es nicht gesehen.»[58] Auch die Autorin Regina Schleheck befand sich mitten im Getümmel, ohne etwas von den Vorfällen mitzubekommen, geschweige denn selbst belästigt zu werden. Wenige Tage später berichtete sie darüber auf ihrer Facebook-Seite: «Zu dem, was auf dem Bahnhofsvorplatz am Dom vorgefallen ist, kann ich nichts sagen. Eine Menschenmenge wird sich überall unterschiedlich darstellen, sie ist nicht homogen. Ich stand eingekeilt in einer Menschenmenge von gefühlten neunzig Prozent Männern arabischen Ursprungs. (…) Alle Menschen um mich herum haben sich außerordentlich ruhig, geduldig und sehr achtsam verhalten. Ich habe immerhin Stunden dort zugebracht und keinen einzigen Übergriff beobachten können. Die Männer um mich herum – und das waren sehr, sehr viele – haben sich sehr bemüht, mir trotz des Gedränges nicht zu nahe zu kommen, mehr noch, sie haben mich mit den Armen abgeschirmt gegen die Leiber, die von allen Seiten herangeschoben wurden.»[59] Innerhalb des Chaos am Bahnhof war es also auch eine Frage der Perspektive, ob man überhaupt etwas mitbekam und was genau.

Während ich diese Zeilen schreibe, versucht in Düsseldorf ein Untersuchungsausschuss die Wahrheit über die Silvesternacht herauszufinden. Auf der Suche nach den Verantwortlichen wurden Vertreter der Polizei, der Kölner Stadtverwaltung und der Landesregierung zu den Vorfällen der Silvesternacht befragt. Während sich dort die Beteiligten gegenseitig die Schuld zuschoben, wollte ich – nur wenige Monate nach dem Geschehen am Hauptbahnhof – von Exkollegen wissen, wie sie die Ereignisse im Einsatz erlebt hatten.

Die erste Überraschung erlebte ich gleich zu Beginn eines der Gespräche: Ein Polizist erzählte, dass sie vor Ort vom Ausmaß dessen, was quasi vor ihrer Tür geschah, zunächst überhaupt nichts mitbekommen hatten. Was ihnen zugetragen und zur Anzeige gebracht wurde, waren in erster Linie nicht einmal sexuelle Übergriffe, sondern die «übliche» Mischung von Delikten, wie sie für eine Neujahrsnacht zu erwarten war. Dabei handelte es sich hauptsächlich um Körperverletzungen und Diebstähle. Erst als sich in den folgenden Tagen in den Medien mehr und mehr das Bild von den massenhaften Übergriffen auf Frauen abzeichnete, fingen die Kollegen an zu begreifen, was sich in der Nacht direkt unter ihren Augen – und doch weitgehend unbemerkt – abgespielt hatte.

Wie hatte es dazu kommen können?

Es gibt ein Foto, das in der Silvesternacht auf dem Bahnsteig von Gleis 10/11 geschossen wurde, an der Stelle, wo die Rolltreppe hinunter in die Passage führt. Was darauf zu sehen ist, vermittelt wohl einen treffenden Eindruck von diesem Abend: Auf dem Bild sind vom oberen Ende der Rolltreppe her ausschließlich junge Männer offenbar arabischer oder nordafrikanischer Herkunft zu sehen, die sich unten dicht in der Passage drängen – so dicht, dass es kaum möglich scheint, die Bahnsteige in Richtung Ausgang zu verlassen. Schätzungen zufolge stellten die Araber und Nordafrikaner in dieser Silvesternacht 80 Prozent des Publikums im Hauptbahnhof und seiner unmittelbaren Umgebung.

Die Kollegen, die der Nachtschicht zugeteilt waren, ahnten bei Dienstantritt, dass es diese Nacht in sich haben würde. Nicht nur die Tatsache, dass es bereits in den vorherigen Jahren zu bürgerkriegsähnlichen Szenarien gekommen war, bei denen mit Pyrotechnik aus der Anonymität der Menge heraus besonders gerne auf Polizisten gezielt wurde. Eine ungewöhnliche Unruhe lag diesmal über der gesamten Umgebung des Bahnhofs, berichteten die Exkollegen. Es hatte den Anschein, als hätten sich dort mehr Menschen versammelt als in den vergangenen Jahren zu Silvester. Und obwohl die Silvesternacht für einige Polizisten reich an dramatischen Situationen war, unterschied sie sich doch von der, die in den Medien gezeigt wurde. Hätte man einige von ihnen unmittelbar nach ihrer Schicht gefragt, welches ihre größten Einsätze in der Silvesternacht gewesen waren, hätten sie vielleicht von den zwei Jugendlichen erzählt, die beim Güterzug-Surfen auf der Südbrücke abgerutscht, unter die Räder gekommen und schwer verletzt worden waren.

Vor allem aber hätten sie die Situation erwähnt, die auf der Hohenzollernbrücke nach Mitternacht entstanden war. Die Hohenzollernbrücke, die in unmittelbarer Nähe des Hauptbahnhofs über den Rhein führt, ist eine Eisenbahnbrücke, auf der ein Fußgängerüberweg parallel zu den Gleisen verläuft.

Dieser ist durch einen Gitterzaun vom Zugverkehr abgetrennt. Traditionell zieht diese Brücke zu Silvester viele Feiernde an, weil man von dort einen tollen Blick auf das Feuerwerk um Mitternacht hat. In dieser Nacht wurde die Situation kritisch, als in der Mitte der Brücke aufgrund des großen Andrangs eine Massenpanik auszubrechen drohte. Erschwerend kam hinzu, dass einige Feiernde in die Brückenbögen geklettert waren und von dort aus mit Feuerwerkskörpern in die Menge schossen. Aus Angst, erdrückt zu werden, begannen Leute über die Gitterabsperrung auf die Bahngleise zu klettern. Als die ersten von ihnen direkt vor der Halle des Hauptbahnhofes auftauchten, wurde der Bahnverkehr komplett eingestellt, und die Polizisten schwärmten zu einem Großeinsatz aus, um die herumirrenden Personen von den Schienen zu holen. Eine Stunde lang wurde nun der Bahnverkehr aus Sicherheitsgründen stillgelegt, was zu einer zusätzlichen Überfüllung des Bahnhofsgebäudes und der Bahnsteige führen sollte.[60]

Offenbar waren von Seiten des Ordnungsamts viel zu wenige Mitarbeiter abgestellt worden, um die Menschenmassen zu steuern. Unterstützt wurden die 24 Mitarbeiter des Ordnungsamtes von 66 Mitarbeitern eines privaten Sicherheitsdienstes, der bereits häufiger bei Großveranstaltungen hinzugezogen worden war. Im Nachhinein wurde man auf eine Stellenanzeige dieses Unternehmens auf einem Jobportal der Universität aufmerksam, in der noch Mitte Dezember Personal für die Kölner Rheinbrücken gesucht wurde. Das Anforderungsprofil lautete: «Beherrschung der deutschen Sprache zumindest mittelmäßig, warme Kleidung», was im Untersuchungsausschuss zur Silvesternacht die Frage nach der Professionalität der Planung durch das Ordnungsamt aufwarf. Jedenfalls machten die Ordner zunächst keinerlei Anstalten, den Zufluss an Feiernden an den Brückenaufgängen zu verringern, denn die vom

Ordnungsamt im Vorfeld zugesagten Kontrollposten und Fußstreifen, die ihre Kollegen vor der Situation auf der Brücke hätten warnen können, waren weggefallen. Die Posten an den Brückenaufgängen hatten also keine Ahnung von der sich zuspitzenden Lage.[61] Während die Situation auf der Hohenzollernbrücke auf eine Massenpanik zusteuerte, war das Ordnungsamt über die angegebene Telefonnummer nicht zu erreichen. Unter dem Anschluss der verantwortlichen Stadtbeamtin meldete sich nur deren Mailbox. Erst als um ein Uhr eine Polizistin zufällig auf der anderen Seite der Brücke eine Einsatzleiterin des Ordnungsamtes traf, konnte sie endlich die kurzzeitige Sperrung der Brücke in die Wege leiten.[62] «Der Fußgängerüberweg an der Hohenzollernbrücke ist seit Jahren ein Problem», stellte auch ein Exkollege resigniert fest, als wir über den Silvestereinsatz sprachen. «Der Zugverkehr wird da jedes Jahr lahmgelegt, aber trotzdem lassen sie die Leute an Silvester immer wieder auf die Brücke.»

Während der gesamten Schicht kamen die Polizisten nur zur Dienststelle zurück, um schnell die wichtigsten Dinge für den späteren Bericht festzuhalten und sofort weiter zum nächsten Einsatz zu eilen. Bei diesen kurzen Aufenthalten fiel ihnen auf, dass sich die Menge der wartenden Menschen vor der Wache immer mehr vergrößerte, doch es blieb keine Zeit, dieses Phänomen zu besprechen. Arbeit im Akkord war angesagt, und das für alle. Zu diesem Zeitpunkt wusste keiner, welches Drama sich im und um den Bahnhof abspielte. Die meisten Anzeigen aufgrund sexueller Belästigung sollten zu diesem Zeitpunkt erst noch eingehen. Keiner der Beamten ahnte, dass Frauen systematisch bedrängt und schwere Straftaten begangen worden waren.

Was allerdings nicht zu übersehen war, war das Chaos im Bahnhofsgebäude. Bezeichnend war allein schon die Tatsache, dass die Bundespolizisten nicht mehr den normalen Eingang ihrer Dienststelle im Bahnhofsgebäude benutzen konnten, weil es dort angesichts der Menschenmenge kein Durchkommen mehr für sie gab. Man behalf sich mit dem Hintereingang, der sonst bestenfalls als Notausgang benutzt wurde oder um schnell zu den Dienstfahrzeugen zu gelangen. Bereits relativ früh in dieser Schicht halfen die Landespolizisten, die von der Leitstelle zur Unterstützung gesandt worden waren, bei der Anlieferung eines mutmaßlichen Ladendiebs aus, da sämtliche Streifen der Bundespolizei beschäftigt waren – unter anderem durch die Übergabe von der Spät- zur Nachtschicht. Einer von ihnen fragte einen Bundespolizisten: «Sag mal, was ist da eigentlich los bei euch vor der Tür?» – «Keine Ahnung. Ich war noch nicht draußen. Was soll denn los sein?» Der Kollege von der Landespolizei antwortete: «Das ist reinster Bürgerkrieg! So was haben wir noch nicht erlebt. Den Platz werdet ihr räumen müssen!»

Erst die Landespolizei musste ihre Kollegen vor Ort also darauf aufmerksam machen, was draußen auf dem Vorplatz vor sich ging. Da sie nur noch den Hintereingang zum Betreten und Verlassen der Dienststelle nutzten, erlebten sie das Chaos auf dem Bahnhofsvorplatz und im Bahnhof nicht unmittelbar mit. Dort hatten sich inzwischen einige der jungen Männer viereckige Batterien mit Feuerwerksraketen auf den Kopf gesetzt, sie angezündet und damit in die Menge geschossen. Wenn sich Einsatzfahrzeuge der Polizei zeigten, richteten alle ihre Feuerwerksgeschosse wie auf Verabredung auf sie. Die Situation drohte außer Kontrolle zu geraten. Um 23.45 Uhr verfügten die Einsatzkräfte über Lautsprecher die Räumung des Platzes.

Daraufhin verlagerte sich das Geschehen ins Bahnhofsgebäude und wurde vollends unübersichtlich. In der Nacht selbst wurden, gemessen an der tatsächlichen Zahl der Übergriffe, bemerkenswert wenige Anzeigen wegen sexueller Belästigung und Diebstahl erstattet. Einige Polizisten führen das darauf zurück, dass die sogenannte Schleuse, also der Eingangsbereich der Dienststelle, so überfüllt war, dass sie gar nicht mehr alle Menschen aufnehmen konnte, die eine Anzeige erstatten wollten und sich in einer Menschentraube draußen vor der Tür drängten. Eine Vielzahl der Opfer mag sich wohl frustriert gesagt haben: «Hier stelle ich mich nicht an!», und nach Hause gegangen sein, um in den folgenden Tagen Anzeige zu erstatten. Selbst den Beamten der Beweissicherungs- und Festnahmehundertschaft (BFHu), die inzwischen auf dem Bahnhofsgelände patrouillierten, gelang es nicht, sich einen Weg durch die Menge in die Dienststelle zu bahnen. Auch sie mussten den Umweg über den Notausgang nehmen. Diese Beamten hatten zudem ein weiteres Problem: Mit ihren nachtblauen Einsatzanzügen waren sie in der Dunkelheit vor dem Bahnhof schlecht zu erkennen und fielen auch im Gewimmel innerhalb des Gebäudes kaum auf.[63] Seit der Silvesternacht sind sie darum dazu verpflichtet – ebenso wie die Streifenpolizisten –, bei ihren Einsätzen Signalwesten zu tragen.

Es wäre übrigens falsch zu behaupten, niemand bei der Kölner Polizei habe im Vorfeld geahnt, was in dieser Silvesternacht 2015 passieren könnte. Natürlich kannte man als Polizist einige Phänomene aus eigener Erfahrung in den Vorjahren: Dass Böller und Raketen auf die Feiernden und die Polizisten abgeschossen wurden, war jedenfalls kein Novum. Auch ich habe das in meiner Dienstzeit miterlebt. Schon 2014/15 beschrieb der Polizeibericht eine drohende Massenpanik auf der Hohenzollernbrücke.[64] Es wurden keine Konsequenzen daraus gezogen, und wir hatten in den vergangenen Jahren oft den Kopf darüber geschüttelt, dass die Stadt offenbar nicht in der Lage war, hier die notwendigen Schritte zu unternehmen: Warum das Ordnungsamt die Deutzer Brücke an Silvester sperrt, die Hohenzollernbrücke jedoch nicht, erschloss sich uns einfach nicht. Die von der Bundespolizei geforderte Sperrung der Brücke war jedenfalls noch Anfang Dezember vom Ordnungsamt abgelehnt worden.[65]

Ähnlich abschlägig beschieden wurde die Anfrage des Leiters der Innenstadtinspektion der Kölner Polizei, Peter Römer, an die Landeszentrale für Polizeiliche Dienste (LZPD) in Duisburg: Die Erfahrungen der Vorjahre hatten Römer dazu veranlasst, prophylaktisch eine komplette Hundertschaft anzufordern, da mit «Tumultdelikten» nordafrikanischer Straftäter zu rechnen sei.[66] Seine Lageanalyse von Anfang Dezember wurde polizeiintern von der Direktion Gefahrenabwehr/Einsatz des Kölner Polizeipräsidiums zensiert, sodass der Hinweis auf Nordafrikaner am Ende ebenso fehlte wie das Wort «Panik» in Verbindung mit Randalierern, die Feuerwerkskörper in die Menge schießen könnten. Auch nach erneuter Vorlage der Anforderung – diesmal ohne gestrichene Passagen – genehmigte die LZPD statt drei Zügen mit insgesamt 114 Beamten nur zwei mit einer Stärke von 76 Einsatzkräften. Daraufhin wurde notgedrungen die Polizeipräsenz rund um den Dom reduziert, während man die beiden bewilligten Züge erst ab 22 Uhr einsetzte, um nach hinten Luft zu haben, falls sie länger gebraucht würden.[67]

Wie viele Beamte standen also vor Ort im Feld und konnten direkt bei Straftaten eingreifen – falls sie überhaupt in der unübersehbaren Menschenmasse und der Dunkelheit davon Kenntnis erhielten? Laut meiner Informanten waren von rund 70 Männern der BFHu[68] 5 Beamte Teil des Führungstrupps und nur damit betraut, den Einsatz über Funk vom Einsatzwagen aus zu koordinieren. Bleiben also um die 65 Polizisten, die von 10 Kollegen der Bahnpolizei verstärkt wurden, von denen aber auch wiederum ein Drittel zur Führungsebene gehörte und mit koordinativen Aufgaben beschäftigt war, also 7 Beamte. Alles in allem standen nach dieser Rechnung um die 70 Polizisten einer Ansammlung von ca. 2000 Männern gegenüber.[69]

Die Pressemitteilung der Kölner Polizei am Neujahrsmorgen empfanden viele der Polizisten, die in der Nacht im Einsatz gewesen waren, als Hohn. Die Beamten waren neun Stunden im Dauerstress gewesen. Keiner hatte damit hinter dem Berg gehalten, dass hier eine Belastungsgrenze erreicht, man in dieser Nacht kaum noch hinterhergekommen war. Wenn man sich zwischendurch in der Dienststelle über den Weg lief, kotzte man sich über die unhaltbare Situation aus und verschwand eilig zum nächsten Einsatzort. Die Situation auf der Hohenzollernbrücke wurde von einem Polizisten in Anspielung an die Love-Parade-Katastrophe als «Duisburg plus Böller» bezeichnet. Glücklicherweise war in Köln niemand zu Tode gekommen.

In der Silvesternacht kämpften die Polizisten am Kölner Hauptbahnhof also wieder einmal auf verlorenem Posten. Die zahlenmäßige Unterbesetzung der Einsatzkräfte wurde dabei durch mangelhafte Organisation und Versäumnisse vonseiten der Stadt noch verschärft. Es gab, wie wir gesehen haben, mindestens einen Beamten bei der Kölner Polizei, der vor vergleichbaren Ausschreitungen gewarnt hatte. Die Frage ist: Warum nimmt man nicht diejenigen ernster, die solche Situationen am besten einschätzen können, weil sie sie im alltäglichen Einsatz persönlich erleben und wissen, womit sie es zu tun haben? Denn am Ende sind sie es, die für Entscheidungen an höherer Stelle ihren Kopf hinhalten müssen und nachher für das daraus folgende Versagen verantwortlich gemacht werden. Für viele engagierte Beamte ist dieser Zustand schwer erträglich.

Auch wenn aufseiten der Polizei Fehlentscheidungen getroffen worden sein sollten – und die fatale Informationspolitik in der Folge der Silvesterereignisse gehört sicherlich dazu –, kann ich nur meine Forderung wiederholen: Schafft die richtigen Rahmenbedingungen für eine erfolgreiche Polizeiarbeit, und ihr werdet gute und erfolgreiche Polizisten haben, Polizisten, die nicht resignieren, weil die Aufgaben, vor denen sie stehen, nicht mehr zu bewältigen sind.

Bedingt einsatzfähig – was die Arbeit der Polizei sabotiert

In den vorangegangenen Kapiteln habe ich versucht darzustellen, mit welchen Herausforderungen Bundespolizisten am Kölner Hauptbahnhof konfrontiert sind und welche Konsequenzen die Flüchtlingskrise für die alltägliche Arbeit der Bundespolizei hatte und hat. Wir haben gesehen, wie kriminelle Nordafrikaner am Hauptbahnhof schon lange vor den Silvesterübergriffen zur Problemgruppe wurden und Versäumnisse bei Politik und Justiz diese Entwicklung beförderten, indem sie die Polizisten bei der Bekämpfung im Stich ließen.

Es sollte dabei deutlich geworden sein, dass es «den» kriminellen Ausländer nicht gibt, sondern ein kleiner, aber hochkrimineller Anteil unter den Migranten nicht nur in Köln, sondern im ganzen Land gesamte Verbrechenszweige monopolisiert hat.

Die Silvesternacht von Köln hat auch Defizite bei der Polizei selbst aufgedeckt, die dafür sorgen, dass die Beamten ihren Aufgaben nicht in dem Maße gerecht werden können, wie die Öffentlichkeit es – zu Recht – von ihnen erwartet. Denn um sich den Herausforderungen der Zukunft stellen zu können, muss sich auch die Bundespolizei verändern.

Eine ruinöse Personalpolitik und ihre Folgen

Die Ereignisse der Silvesternacht erschienen vielen als der Zusammenbruch jeglicher staatlicher Kontrolle, als ein Offenbarungseid des Rechtsstaates, der nicht in der Lage war, seine Bürger zu schützen. Doch wer die Sicherheit im öffentlichen Raum garantieren soll, braucht dazu auch die nötigen Mittel. Das heißt vor allem auch: ausreichend Personal.

Tatsächlich aber arbeitete die Bundespolizei am Hauptbahnhof schon in den Wochen vor der Silvesterkatastrophe am Rande ihrer Kapazitäten – das ist ja bereits mehrfach im Buch angeklungen. Und der Hauptbahnhof ist, nebenbei bemerkt, nicht die einzige Wache, die betroffen ist: Deutschlandweit mehren sich seit langem die Klagen über das kaum noch zu bewältigende Arbeitspensum. Im März 2016 wurde anlässlich einer sogenannten Kleinen Anfrage der Grünen im Bundestag bekannt, dass sich bei der Bundespolizei insgesamt rund 2,7 Millionen Überstunden angesammelt hatten.[1] Und am 30. August 2016 wurde im Landtag von Nordrhein-Westfalen ein Bericht vorgestellt, der die Überstunden der Landespolizei auf knapp zwei Millionen bezifferte – zusätzlich zu den zwei Millionen nicht abgegoltenen Überstunden der vorangegangenen Jahre.[2] Auch bei der Berliner Polizei hat die jährliche Überstundenzahl 2014 die Millionengrenze überschritten; in Niedersachsen schieben ihre Kollegen regelmäßig 1,5 Millionen Stunden vor sich her.[3] Jörg Radek, stellvertretender Vorsitzender der Gewerkschaft der Polizei (GdP), machte im August 2016 eine Gesamtrechnung auf und kam auf die gigantische Zahl von 21 Millionen – eine enorme Bilanz, die ein grelles Schlaglicht auf die personelle Unterbesetzung unserer Polizei wirft.[4] Chancen, sie abzubauen? Wohl kaum – so, wie die Lage sich derzeit darstellt.

Auch die 3000 neuen Bundespolizisten, die Innenminister de Maizière versprochen hat, werden die Not nicht lindern können. Der GdP-Bundesvorsitzende Oliver Malchow hält 9000 (!) zusätzliche Beamte für notwendig, damit wenigstens die aufgelaufenen Überstunden abgebaut werden könnten. Aus dem NRW-Innenministerium in Düsseldorf kamen auf derlei Forderungen lediglich vereinzelte Reaktionen von Führungskräften, denen nichts Besseres einfiel, als den Polizisten zu unterstellen, sie häuften ihre Überstunden mutwillig an.[5] Meiner Ansicht nach ist das ein klassisches Beispiel von Realitätsverlust bei Staatsbeamten, die nur noch selten einen Blick durch die Fenster ihrer Büros nach draußen werfen.

Im November 2015, also kurz vor den Silvesterübergriffen, startete die Gewerkschaft der Polizei eine bundesweite Kampagne unter dem Motto «Wir brauchen Verstärkung» und richtete einen dringenden Appell an die Regierungen von Bund und Ländern, den Personalabbau bei der Polizei zu stoppen und eine Wende bei der Sparpolitik einzuleiten.

16 000 Stellen sind seit den späten neunziger Jahren gestrichen worden – mit spürbaren Folgen für die Bürger, wie Gewerkschaftler Jörg Radek festhält: «Die Polizei ist gezwungen, sich aus der Fläche zurückzuziehen. Deshalb hat die Polizei schon Reviere schließen müssen. Das gefällt den Menschen hierzulande nicht. Das wird uns immer wieder zugetragen.»[6]

Dass es sich bei diesem Unbehagen um mehr handelt als um das subjektive Empfinden überängstlicher Zeitgenossen, zeigt ein Blick in die Kriminalitätsstatistik. Während die Polizei auf einen strammen Sparkurs getrimmt wurde, stieg beispielsweise die Zahl der Wohnungseinbrüche rapide an. Im Jahr 2015 erreichten sie mit 167 136 Fällen ein neues Rekordhoch – eine Steigerung um weitere 9,9 % gegenüber dem Jahr 2014, das selbst schon den höchsten Stand seit 1998 markierte.

Dabei kann nur etwa jeder sechste Fall (15,2 % in 2015) aufgeklärt werden, denn gegen die oft in Banden organisierten und grenzüberschreitend aktiven Täter ist eine personell unterbesetzte Polizei natürlich schlecht aufgestellt.[7] Arnold Plickert, wie sein Kollege Radek einer der vier stellvertretenden Bundesvorsitzenden der GdP, erklärt an einem Beispiel, welche absurden Folgen dieser Sparzwang mit sich bringt: Wenn etwa am Tatort eines Einbruchs die DNA-Spuren eines Täters sichergestellt werden können, zieht sich die Auswertung dieser Probe aufgrund der fehlenden Stellen in den Polizeilaboren über sage und schreibe ein ganzes Jahr hin. «Für eine erfolgreiche Fahndung ist es dann zu spät. Die Täter sind längst weg.»[8]

Ein ähnliches Bild bietet sich auf dem Gebiet der organisierten Kriminalität. Betrachtet man nur die Statistik, so scheinen Verbrechen, die diesem Spektrum zugeordnet werden können, in jüngster Zeit geringfügig abgenommen zu haben.[9] In Wirklichkeit spiegelt die in der Statistik angeführte Zahl der Strafverfolgungsverfahren aber nur die Fälle wider, in denen die Polizei überhaupt aktiv werden konnte. Wo sie dazu nicht in der Lage ist, weil ihr für die zeitintensiven Strukturermittlungen, die auf dem Gebiet des organisierten Verbrechens nötig werden, das Personal fehlt, da findet das Verbrechen in einer Grauzone statt, die von der Statistik schlichtweg nicht erfasst wird. Erschwerend kommt hinzu, dass sich das organisierte Verbrechen längst nicht mehr in einer Halbwelt abspielt, mit der der Normalbürger bestenfalls in Ausnahmefällen in Berührung kommt. Auch Wohnungseinbrüche, Laden- und Autodiebstähle gehen mittlerweile auf das Konto von Banden, die als verlängerter Arm international vernetzter Organisationen agieren. Bei der Herbsttagung des BKA 2015 brachte es Sabine Vogt, Abteilungsleiterin der Behörde in Mainz, auf eine griffige Formel: «Die organisierte Kriminalität ist an den

Haustüren der Bürgerinnen und Bürger angekommen.»[10] Umso beunruhigender mutet da der Befund an, den Dietmar Schilff von der GdP zur Handlungsfähigkeit der Ermittlungsbehörden in Bezug auf die organisierte Kriminalität stellt: «Die Polizei ist längst nicht mehr auf Augenhöhe mit den Möglichkeiten dieser Straftäter, da die notwendigen personellen, technischen und rechtlichen Voraussetzungen für eine erfolgreiche Bekämpfung fehlen.»[11]

Wenig überraschend ist es in diesem Zusammenhang, dass derselbe Personalmangel, über den sich die Polizei der Länder beklagt, auch Bundespolizisten zu schaffen macht. «Personell sind wir abgebrannt», brachte es Ulrich[12], ein ehemaliger Kollege, in unserem Gespräch auf den Punkt, das wir im Frühjahr 2016 geführt haben. «Wir sind komplett unterbesetzt, auch für den Alltag. Es werden einfach zu wenige Beamte eingeplant; man kommt mit der Arbeit nicht mehr hinterher. Wir haben bereits den gesamten Dezember damit gekämpft, der Flut der Asylanträge nachzukommen. An manchen Tagen waren die Streifenbeamten aller Schichten kaum draußen auf Streife, sondern fast 24 Stunden in der Dienststelle – von der Frühschicht in die Spätschicht, von da an in die Nachtschicht und von der Dienstgruppe der Nachtschicht wieder in die Frühschicht. In dieser Zeit hatten wir kaum Streifen im Bahnhof.»

Um sich auszumalen, was diese Überlastung für die Verfolgung von Straftaten im Bahnhofsbereich bedeutete, braucht man nicht viel Phantasie. Und diese Ausgangssituation wurde nicht besser, je näher der Jahreswechsel rückte.

Auch die Kriminalpolizei war durch die Flut an Asylverfahren überfordert. Eine weitere Konsequenz des grassierenden Personalmangels zeigte sich schnell bei der Registrierung der ankommenden Flüchtlinge. Deren Fingerabdrücke werden über das sogenannte Fast-ID-Verfahren direkt mit den polizeilichen Datenbanken des BKA abgeglichen, um zu überprüfen, ob die betreffende Person schon einmal «gerollt» wurde, d. h., ob ihre Fingerabdrücke bereits abgenommen worden sind. War das nicht der Fall, dann war es bis zur Flüchtlingskrise im Sommer 2015 so, dass die Ankömmlinge routinemäßig zu einer eingehenden Befragung an die Kripo weitergeleitet wurden, wo man herauszufinden versuchte, ob ihre Asylgründe stichhaltig und ob sie bereits strafrechtlich in Erscheinung getreten waren. So entstand jeweils eine umfangreichere Akte über die Asylsuchenden, die es erlaubte, sie später wieder zu identifizieren. Sie waren damit polizeilich gemeldet, und wir wussten, mit wem wir es zu tun hatten. Handelte es sich um jemanden aus der großen Mehrzahl der Flüchtlinge, gegen die es keinerlei Bedenken gab – wunderbar. Handelte es sich um jemanden, der z. B. vorhatte, sich mit mehreren Identitäten in Deutschland aufzuhalten und Straftaten zu begehen – dann wurde ihm das auf jeden Fall nicht gar zu leichtgemacht.

Doch dieser Verfahrensschritt wird mittlerweile von der Kriminalpolizei aufgrund der hohen Zahl von Ankömmlingen in der Mehrzahl der Fälle weggelassen. Für derartig detaillierte Ermittlungen ist schlichtweg kein Personal vorhanden. Der Flüchtling bekommt nun also sein einstweiliges Dokument, das ihm u. a. bescheinigt, dass er polizeilich kontrolliert worden ist und die Absicht hat, in Deutschland zu bleiben. Von diesem Augenblick an bis zum Moment, wo er die Erstaufnahmeeinrichtung aufsucht, gibt es keine Kontrolle mehr darüber, wo sich die Person aufhält und was sie tut. Wir haben zuvor schon gesehen, dass sich die Trickdiebe dieses Schlupfloch gerne zunutze mache – eine direkte Konsequenz der dünnen Personaldecke bei der Polizei.

Um zu erfahren, was speziell in der Silvesternacht bei der

Personalplanung eigentlich schiefgelaufen war, rief ich einen Exkollegen an. Armin[13] erklärte sich dazu bereit, war aber auch vorsichtig. «Nicht am Telefon», sagte er und schlug als Treffpunkt eine Kneipe in der Altstadt vor. Unter den Bundespolizisten kursierten zu der Zeit Gerüchte, dass die Polizeiführung Telefone überwache, um Informationslecks in Zusammenhang mit der Silvesternacht aufzuspüren. Ob an diesem Gerücht etwas dran war? Grund genug hätten die Oberen mit Sicherheit gehabt, denn zu viel lag im Argen, und zu viel Unliebsames war in den letzten Wochen bereits in den Medien gelandet. Unter anderem war durchgedrungen, wie unbrauchbar das Kamerasystem am Bahnhof wirklich ist. Und die Leitungsebene hätte sicher auch gerne erfahren, aus welcher polizeiinternen Quelle die Information an die Presse gedrungen war, der zufolge der Chef der Leitstelle zu lange versäumt hatte, seinen Vorgesetzten darüber zu informieren, dass die Situation am Bahnhof dabei war, außer Kontrolle zu geraten.[14]

«De Maizière hat die Bundespolizei kaputtgespart», stellte Armin zu Anfang unseres Gesprächs lapidar fest, als wir an einem ruhigen Ecktisch in einer Kölschkneipe Platz genommen hatten. Dass der Bundesinnenminister jetzt 3000 neue Stellen verspreche, für die zuvor kein Geld da gewesen sei, hält der Polizeiveteran für Augenwischerei. «Es ist ja nicht so, dass wir die alle auf einmal frei Haus geliefert bekommen. Sondern jeweils 1000 bundesweit und auf drei Jahre verteilt. Und wenn man da gegenrechnet, dass in den nächsten fünf Jahren die dienstälteste Generation der Bundespolizisten in Pension geht, dann haben wir unterm Strich sogar eine negative Bilanz.»

Zur Silvesternacht selbst hatte Armin in unserem Gespräch eine klare Meinung: «Ein Fehler war schon mal, dass es keine BAO gegeben hat, sondern nur eine AAO.» Bei der Einsatzplanung unterscheidet die Polizei zwischen der sogenannten

Allgemeinen Aufbauorganisation (AAO) und der Besonderen Aufbauorganisation (BAO). Die AAO umschreibt den alltäglichen Routinebetrieb. Die BAO kommt bei Großereignissen zum Tragen und umfasst den Einsatz eines Inspektionsleiters sowie eines kleinen Stabs von Spezialisten, die bei Engpässen und Schwierigkeiten schnell Lösungen finden sollen. Die zusätzlich eingesetzten Einsatzkräfte auf der Straße – in diesem Fall Beweissicherungs- und Festnahmeeinheiten (BFE) – erhalten einen eigens für sie freigeschalteten Funkkanal, über den sie direkt mit der BAO kommunizieren können. Eigentlich gibt es für absolut jedes Großereignis eine eigene BAO. Nur für die Silvesternacht in Köln war das nicht der Fall. Die Leitstelle der Bundespolizei war nur mit den regulären drei Beamten besetzt. Und die mussten die fünfzig zusätzlichen Beamten der BFE steuern, die, wie mir berichtet wurde, selbst aber nicht einmal über einen eigenen Funkkanal verfügten und die bereits vergebenen Kanäle mitnutzen mussten. Das Chaos war vorprogrammiert. Oder, wie mein Exkollege Norbert es formulierte: «Man war komplett und hoffnungslos überfordert.»

Nach dem Debakel der Silvesternacht wurde die Polizeipräsenz am Hauptbahnhof drastisch erhöht. Jeden Abend standen jetzt drei bis vier Polizeibusse auf dem Bahnhofsvorplatz, und der Technische Einsatzdienst hatte große Scheinwerferanlagen installiert. Der bevorstehende Karneval versetzte alle in Alarmbereitschaft. Es durfte auf keinen Fall zu einem weiteren Zwischenfall kommen. Nachdem die tollen Tage gut über die Bühne gegangen waren, wurden die Lichtanlagen wieder abgebaut und die Präsenz am Hauptbahnhof still und leise zurückgefahren auf Normal.

Folgt man den Zahlen, die die Kölner Polizei für Januar bis August 2016 präsentierte, sind die Taschendiebstähle am Hauptbahnhof tatsächlich um 20 % zurückgegangen.[15] Einige

Polizisten zeichneten mir gegenüber ein völlig anderes Bild von der Lage am Hauptbahnhof: «Ich sag dir, es ist wirklich unfassbar! Die Nafris sind inzwischen alle wieder zurück! Und es ist wieder genauso schlimm wie vor einem Jahr.» Den Erfahrungen der Beamten zufolge wuchs die Anzahl der Diebstahlsdelikte erneut an; und diesmal seien auch noch parallel Sinti- und Roma-Taschendiebinnen rund um den Bahnhof unterwegs. Außerdem würden die Kollegen am laufenden Band zwischen den Inspektionen hin und her geschoben und landeten dann dauerhaft an Einsatzorten wie Siegburg, während sie eigentlich dringend hier gebraucht würden. Der eklatante Widerspruch zwischen den öffentlichen Verlautbarungen der Verantwortlichen und der professionellen Einschätzung meiner damaligen Kollegen hinterlässt bei mir gewisse Fragezeichen: Werden die Statistiken an höherer Stelle schöngerechnet?

Es gibt also weiterhin viel zu tun für die Polizei in Köln, auch was die Pläne einer «Schutzzone Dom» angeht, die Polizeipräsident Mathies zusammen mit Oberbürgermeisterin Reker im September vorstellte und die eine ganze Reihe von Sicherheitsmaßnahmen umfassen, die helfen sollen, das Sicherheitsgefühl der Bürger und Gäste der Stadt rund um den Dom und den Bahnhof anzuheben. Konsequent unterbunden werden sollen dabei auch Ordnungswidrigkeiten wie aktives Betteln, Drogenkonsum und das Mitführen von Feuerwerkskörpern bis zur Belästigung und Pöbeleien oder Störungen durch Einzelpersonen.[16] Man darf gespannt sein, ob diese Pläne auch mit einer ausreichenden personellen Ausstattung der Einsatzkräfte, die diese Maßnahmen durchsetzen sollen, einhergehen werden und ob sich die Probleme dann nicht vielmehr in Bezirke verlagern, die von der Polizei weniger gut abgesichert und kontrolliert werden können.

Ende Juni 2016 musste zum Beispiel das nordrhein-westfälische Innenministerium auf eine Anfrage der FDP-Fraktion im Landtag gestehen, dass – trotz der Verlautbarungen der Polizei über einen 26 %-igen Rückgang der Straßenkriminalität rings um den Kölner Hauptbahnhof – die Zahl der Straftaten durch nordafrikanische Täter im Schnitt genauso hoch geblieben war wie im Vorjahr – und damit vor den Silvestervorfällen. Nach dem Grund für diese überraschende Diskrepanz befragt, lieferte der Polizeisprecher die Erklärung, dass sich die Delikte in die Asylbewerberunterkünfte verlagert hätten und dass vor allem Gewaltdelikte dort im Vergleich zum ersten Halbjahr 2015 um das Siebenfache (!) zugenommen hätten.[17] Unter diesen Zuständen leidet auch die große Menge derjenigen Flüchtlinge, die hier Zuflucht suchen und in Frieden leben wollen, sowie das Betreuungspersonal, dem man diese Probleme wohlfeil vor die Haustür kehrt. Wenn dann alles total aus dem Ruder läuft, muss es wieder mal ein Polizeieinsatz auf dem flachen Land richten. Aber das geschieht dann abseits der öffentlichen Aufmerksamkeit. Frei nach dem Motto: Lieber eine kleine Meldung über eine Messerstecherei unter Asylanten in der Rubrik «Vermischtes», als hässliche Schlagzeilen über Straftaten gegen Einheimische im Stadtzentrum. Doch es sollte allen Verantwortlichen bewusst sein, dass nichts damit getan ist, wenn man Probleme einfach nur räumlich auslagert. Flüchtlinge haben ebenso wie Einheimische einen Anspruch auf Schutz vor Gewalt und Verbrechen. Doch dazu braucht es – man kann es nur immer wiederholen – auch jenseits der Stadtzentren schlüssige Konzepte und genügend Personal, um sie umzusetzen.

Bei größeren und akuten Gefahren wird das Personalproblem noch offensichtlicher: Nach den Anschlägen in Paris im November 2015 oder in Brüssel im März 2016 wurde automatisch an allen Bahnhöfen und Flughäfen in Deutschland die

Alarmstufe hochgesetzt. Das bedeutet am Kölner Hauptbahnhof zum Beispiel, dass statt Zweierstreifen Dreierstreifen patrouillieren. Nur: Der dritte Beamte geht zulasten einer anderen Zweierstreife mit – es handelt sich also um eine bloße Umverteilung. Sieht so eine wirkungsvolle Strategie gegen terroristische Bedrohungen aus?

«Umverteilung» scheint mittlerweile für die Bundespolizei das neue Allheilmittel gegen jede Form von Personalmangel zu sein. Und dies auch in weitaus größerem Maßstab und mit Konsequenzen, über die gestandene Bundespolizisten nur noch den Kopf schütteln können.

Eine der Neuigkeiten, die mein Exkollege Armin bei unserem Treffen für mich auf Lager hatte, erfüllte mich jedenfalls mit Fassungslosigkeit; auch Armin selbst hatte es zunächst kaum glauben wollen, als er von den einschneidenden personellen Veränderungen für die Dienststelle in Aachen gehört hatte. Am 4. April 2016 wurde ein großer Teil der dort stationierten Einsatzkräfte an den Flughafen Köln-Bonn verlegt. In Aachen fehlt nun gut die Hälfte der Beamten, die u. a. zur Überwachung der 284 Kilometer langen Grenze nach Belgien und Holland benötigt werden. Auch die Kontrolle von Reisenden in den Zügen nach Deutschland musste logischerweise reduziert werden. Die Inspektion Aachen ist dadurch, erzählte mir Armin, kaum mehr in der Lage, einen geordneten Betrieb aufrechtzuerhalten. Man mag sich vielleicht fragen, ob die innereuropäische Grenzsicherung in Zeiten des Schengen-Abkommens, das den Wegfall der Grenzkontrollen beinhaltet, nicht obsolet ist. Doch das ist ein Irrtum. Gerade *weil* es keine formellen Kontrollen an den Grenzen mehr gibt, ist es die vorrangige Aufgabe der Bundespolizei, verdächtige Aktivitäten an der Grenze zu erkennen und zu verfolgen. Diese permanente Wachsamkeit und Einsatzbereitschaft ist personalintensiv, aber wichtig für die Sicherheit der Bürger, die von den offenen Grenzen innerhalb Europas profitieren.

Interessant ist übrigens der Zeitpunkt dieser massiven Verlegung von Einsatzkräften: Sie fand keine zwei Wochen nach den Anschlägen von Brüssel am 22. März 2016 statt. Wenn man bedenkt, dass Salah Abdeslam, der mutmaßlich für die Logistik hinter den Anschlägen von Paris verantwortlich war, Anfang Oktober 2015 genau diese Grenze von Belgien nach Deutschland zweimal überquert hat, um drei Mitstreiter in einem Ulmer Flüchtlingsheim abzuholen und nach Belgien zu bringen[18], dann fragt man sich doch: Wieso schwächt die Politik unter solchen Umständen mutwillig die Wachsamkeit an dieser sensiblen Grenze?

Die Inspektion Aachen ist nur ein Fall von vielen, in dem Bundespolizisten an andere Dienststellen versetzt wurden, um dort (noch) größere Personallöcher zu stopfen. Nach wie vor leiht auch die Bundespolizei am Hauptbahnhof ihre Beamten für Langzeiteinsätze an andere Einsatzorte wie den Frankfurter Flughafen oder die deutsch-österreichische Grenze aus. Wobei die «Leihfrist» oft großzügig bemessen ist.

Für 2016 wurden der Bundespolizeiinspektion Köln übrigens neue Stellen zugesprochen. Allerdings nicht 3000, 300 oder 30, sondern – drei.

Natürlich stellt man sich die Frage, welchen Zweck die Verantwortlichen mit der Verschiebung von Bundespolizisten quer durch die Republik verfolgen. Es handelt sich dabei meiner Ansicht nach zu großen Teilen um Symbolpolitik. Man verfährt gemäß der Devise, Polizisten immer dorthin zu verlegen, wo es «brennt» und die Personalknappheit jedem normalen Bürger ins Auge fallen würde, an Orte also, auf die sich die Aufmerksamkeit der Öffentlichkeit und der Medien richtet. Denn Diskussionen über den Zustand unserer Polizei kämen vielleicht der Polizeigewerkschaft gelegen – aber gewiss nicht den leitenden Beamten auf der Führungsebene der Bundespolizei, die denjenigen Rechenschaft schulden, durch die sie in ihre Ämter gekommen sind. Und das sind dieselben, die durch ihre Sparpolitik diese Misere verursacht haben – nämlich die verantwortlichen Politiker in Bund und Ländern. Jörg Radek bringt seine Erfahrungen diesbezüglich so auf den Punkt: «Wenn man mit den Ministern oder Abgeordneten spricht, haben sie immer Verständnis. Aber Geld in die Hand nehmen, das wollen sie dann doch nicht. Es gibt dann immer Gründe, warum es gerade nicht geht.»[19]

Veraltet und nicht angepasst – die Ausbildung

Bahnsteig 8, an einem heißen Nachmittag im Juli. Ein Rollkoffer stand einsam am Geländer bei der Treppe und rings um den Koffer ein Grüppchen von vier Bundespolizisten, die beratschlagten, ob es sich dabei um einen gefährlichen Gegenstand handeln könnte. Einer von ihnen war ich, und ich war genauso ratlos wie die Kollegen. Wir starrten auf den rot lackierten Hartschalenkoffer, als würde er uns von sich aus mitteilen, ob er eine Sprengladung enthielt, wenn wir ihn nur lange genug fixierten. Doch der Koffer dachte nicht daran, uns auch nur mit einem klitzekleinen Hinweis zu versorgen.

«Also, was machen wir?», fragte mein Kollege Martin schließlich. «Machen wir ihn auf?»

Keine Situation habe ich mehr gehasst in meiner Zeit als Bundespolizist. Ein herrenloses Gepäckstück auf dem Hauptbahnhof, das war jedes Mal eine Nervenprobe. Und es geschah mehrmals die Woche, dass uns eine Tasche, ein Rucksack oder ein Koffer gemeldet wurden, die einfach irgendwo herumstanden und deren Besitzer unauffindbar waren. Für mich wird es unbegreiflich bleiben, warum so viele Menschen offensichtlich nicht auf ihr Gepäck aufpassen können. Man sollte doch meinen, dass es einem irgendwie auffallen müsste, wenn man plötzlich mit einem Koffer weniger unterwegs ist. Tauchten die Kofferbesitzer dann wieder auf – was nicht immer der Fall war –, fielen sie oft aus allen Wolken, dass bereits ein knappes Dutzend Beamte die potenzielle Gefahrenzone abgesperrt und gesichert hatte, während sie doch «nur kurz da drüben was einkaufen waren». Sehr häufig hörten wir auch die treuherzige Beteuerung, man sei «nur ein paar Minuten» auf der Toilette gewesen. Und wer soll einem das schon verwehren? In manchen Fällen schien es so, als müssten wir Polizisten uns dafür rechtfertigen, wegen einer «Lappalie» ein solches Theater zu veranstalten.

Mich jedenfalls trieben diese Zeitgenossen der Marke Sorglos regelmäßig zur Weißglut. In Zeiten der Terrorgefahr ist das Zurücklassen eines Gepäckstücks für mich alles andere als ein Kavaliersdelikt, wenn man bedenkt, welche Konsequenzen das haben kann: Es werden zahlreiche Sicherheitskräfte gebunden, Passagiere in Angst und Schrecken versetzt, ein Bahnhof oder ein Flughafen muss vielleicht teilweise oder sogar komplett gesperrt werden, der Bahn- bzw. Flugverkehr kommt möglicherweise zum Erliegen. Mal ganz abgesehen davon, um wie viel einfacher es für Attentäter wird, zwischen all den ungefährlichen Gepäckstücken eines zu platzieren, das wirklich eine mörderische Sprengladung enthält – mit entsprechend verheerenden Auswirkungen auf die Menschen, die sich zu diesem Zeitpunkt auf dem Bahnhof oder im Flughafen befinden: Männer, Frauen, Kinder.

Die meisten unbeaufsichtigten Gepäckstücke enthalten natürlich keine Bombe. Trotzdem sollte man nicht vergessen, dass es bereits zwei ernstzunehmende Anschlagsversuche mit Kofferbomben im Bahnverkehr der Region gab. Beide wurden von radikalisierten Islamisten ausgeführt und scheiterten zum Glück: Der eine 2006 aufgrund von Konstruktionsfehlern der Bomben, die in Köln in zwei Regionalexpresszügen deponiert worden waren, und der andere 2012 in Bonn dank der Aufmerksamkeit eines Reisenden und dem Einsatz eines Sprengkommandos.

An diese beiden Vorfälle musste ich nun an diesem Julinachmittag auf Bahnsteig 8 denken. Dicht an dicht drängten sich hier die Reisenden in leichter Sommerkleidung. Touristen, Ausflügler, ein paar Geschäftsleute, ausgelassene Schulkinder. Kaum einer schien auf den roten Rollkoffer zu achten oder auf die Bundespolizisten, die sich leise beratschlagten. Das kam uns entgegen, Panik hätten wir jetzt nicht gebrauchen können.

«Was meinst du?», fragte mich Franziska. Der Koffer war mit einem uns unbekannten Schlosstyp gesichert, keiner wollte sich da so richtig heranwagen. Mir schien die Sache suspekt. «Wir holen Bernd», schlug ich deshalb vor. Alle waren erleichtert, dass jemand den Vorschlag machte. Ich hatte das Zauberwort ausgesprochen.

Bernd ist ein Vollblutpolizist, wie er im Buche steht: gerade mal 1,65 Meter groß, mit einem kleinen Schnäuzer im Gesicht und Brillengläsern, so dick wie Aschenbecher, aber ein Leben lang im Polizeidienst und mit seinen 60 Jahren immer noch an vorderster Front dabei, auch wenn es hart auf hart kommt. Vor allem aber war er derjenige in unserer Dienststelle, der vor vielen Jahren einmal einem Sprengkommando zugeteilt gewesen war, und den man deshalb hinzurief, wenn man einen echten Härtefall vor sich hatte.

Wenige Minuten nachdem wir ihn angefordert hatten,

erschien Bernd wie aus dem Nichts. Er verlor keine Zeit, nickte uns im Vorbeigehen kurz zu und steuerte dann mit entschlossenem Gesichtsausdruck direkt den roten Rollkoffer an. In meiner Erinnerung erscheint mir die Szene so, als habe sie sich in Zeitlupe abgespielt. Wie der Showdown in einem Western: der erfahrene Profi, der noch ausgebuffter war als der raffinierteste Zündmechanismus und genau wusste, wie man ihn austricksen konnte. Wir hefteten unsere Blicke ehrfürchtig auf ihn und dachten ein wenig bang: Was würde er jetzt tun? Wir verfolgten, wie Bernd sich dem Koffer näherte, vor ihm stehen blieb, ihn kurz anhob, dann plötzlich mit dem rechten Bein ausholte – und mit voller Wucht dagegentrat. Unwillkürlich zogen wir die Köpfe ein. Doch der große Knall blieb aus. Der Koffer klappte einfach auf, Bernd warf einen Blick hinein, brummte: «Nur Unterwäsche. Kann ins Fundbüro» – und verschwand wieder, wie er gekommen war.

Ich muss gestehen, dass ich nie die Kaltblütigkeit aufgebracht habe, auf ähnliche Weise einen Koffer auf Explosivstoffe zu testen. Wahrscheinlich muss man dafür wie Bernd als junger Polizist längere Zeit mit Sprengstoffspezialisten verbracht haben.

Man könnte ja annehmen, der richtige Umgang mit (potenziellen) Bomben gehöre zur unverzichtbaren Grundausbildung eines Bundespolizisten – gerade jetzt, wo die Gefahr von Terroranschlägen real ist. Dem ist jedoch nicht so. Dieses Thema ist ein zweischneidiges Schwert. Der Polizeidienst hat sich innerhalb Europas verändert. Terrorwarnungen, Anschläge und Amokläufe stellen unsere Gewissheit in Frage, dass wir im Ernstfall angemessen auf Bedrohungen reagieren könnten. Gleichzeitig rechne ich nicht damit, dass plötzlich Geld für zusätzliche Amokschulungen oder eine bessere Ausrüstung vorhanden ist, wie zum Beispiel für Schutzwesten, die auch Großkaliber abhalten. Schon das allgemeine Schießtraining wird ja an den Dienststellen reduziert und findet nur noch alle drei Monate statt, um das Geld für die Patronen zu sparen.

Alles, was ich über Sprengsätze weiß, habe ich jedenfalls im Wesentlichen von Bernd gelernt, den ich immer wieder um Rat fragte. Trotzdem konnte ich mich nie an das flaue Gefühl gewöhnen, das mich erfasste, wenn ich vor einem liegengebliebenen Rucksack, einem herumstehenden Koffer, einer in einer dunklen Ecke liegenden Reisetasche stand und wartete, ob der Besitzer nach einem Ausruf über die Bahnhofslautsprecher seinen Koffer doch noch abholen kam.

Meist stellte ich mich vorsichtshalber hinter eine Steinmauer oder einen Mülleimer, um wenigstens ansatzweise das Gefühl zu haben, mich in einer wie auch immer gearteten Deckung zu befinden. Mein Puls schoss jedes Mal in die Höhe, und ich weiß, dass es meinen Kollegen genauso ging.

Die *Gamescom*, die große Computerspielmesse in Köln, bot häufig Anlass für solche Momente erhöhter Adrenalinausschüttung. Woran es lag, weiß ich nicht, aber während dieser Messe gab es immer besonders viele herrenlose Gepäckstücke. Wahrscheinlich waren die Videospieler in ihren Gedanken zu sehr bei ihren Games, um darauf zu achten, ihren Rucksack nach dem Warten auch wieder mitzunehmen.

Während der *Gamescom* herrschte bei uns also immer erhöhte Aufmerksamkeit, und ich war häufig mit Franziska auf Streife. So auch das eine Mal, als wir zum Drogeriemarkt in die Einkaufspassage im Bahnhof gerufen wurden. An der Kasse warteten mindestens 15 Leute, und zwischen ihnen stand ein Koffer, zu dem die Wartenden einen respektvollen Abstand hielten, der ihnen gleichwohl im Falle einer Explosion recht wenig genützt hätte. Als wir den Drogeriemarkt betraten, rief uns die Verkäuferin fröhlich zu: «Ich versteck mich dann schon mal hinter der Theke!»

Manchmal fühle selbst ich als Kölner mich durch den rheinischen Frohsinn genervt, und dies war definitiv einer dieser Momente. Ich hatte nämlich gar kein gutes Gefühl bei der Sache.

Es handelte sich um einen kleinen Rollkoffer, und ich folgte der Routine, die ich von meinem Mentor Bernd gelernt hatte: Immer zuerst das Gepäckstück anheben. Ist es schwer, dann kann das ein Indiz für einen Sprengkörper sein. Ich hob den Koffer ein wenig an – verdammt, er war ziemlich schwer für so ein kleines Teil! Auf meiner Stirn bildeten sich Schweißperlen. Weiter zum nächsten Punkt: Anschließend öffnet man vorsichtig den Reißverschluss ein wenig. Sieht man im Inneren Drähte oder verdächtige Bauteile, hat man es möglicherweise mit einer Sprengfalle zu tun. Bernd hatte mir aber auch gesagt, dass man an diesem Punkt noch nicht in Gefahr sei, denn im Unterschied zur Darstellung in vielen Hollywoodfilmen darf der Mechanismus nicht zu empfindlich sein, um den Bombenleger nicht selbst zu gefährden. Wer eine Bombe irgendwo versteckt, ist schließlich ganz offensichtlich kein Selbstmordattentäter.

Ich öffnete also den Reißverschluss. Über Funk löcherte mich die Leitstelle: «Und? Was ist damit?» Die ständigen Nachfragen machten mich nicht gerade entspannter. «Keine Ahnung!», antwortete ich. «Ich gucke gerade rein.»

Im Innern des Koffers konnte ich ein Paar Stiefel und eine Metallbox erkennen. Ausgerechnet eine Metallbox – in einem Koffer! Irgendetwas brachte mich dazu, alles auf eine Karte zu setzen und die Metallbox herauszunehmen. Ich dachte: «Entweder fliegen wir jetzt gleich alle in die Luft oder ...».

Mit klopfendem Herzen hob ich den Deckel an, und sah –

Dildos. In allen möglichen Ausführungen, außerdem Handschellen und sonstige Sextoys. Offenbar war ich dem Terrorkommando «Beate Uhse» auf die Spur gekommen.

Meine Meldung an die Leitstelle wurde zu einem der größeren Lacherfolge meiner Dienstzeit. Ich wiederum war einfach nur erleichtert, dass sich der Inhalt des Koffers als so harmlos entpuppt hatte. Während über den Sprechfunk ein schlüpfriger Witz den nächsten jagte, machte ich mir bewusst, dass alles auch ganz anders hätte kommen können. Denn was unterschied dieses Datum von jenem, an dem auf Bahnsteig 1 des Bonner Hauptbahnhofs ein Koffer mit einer scharfen Sprengladung gefunden wurde? Und wie kann es sein, dass meine Kollegen und ich als Bundespolizisten, die regelmäßig mit solchen Situationen konfrontiert waren, überhaupt nicht für sie ausgebildet wurden? Nicht jeder hat schließlich das Glück, jemanden wie Bernd als Kollegen zu haben, der einen zumindest mit den grundlegendsten Verhaltensweisen vertraut machen konnte.

Oder jemanden wie meinen alten Bärenführer Axel, der in einer Situation mit einem potenziellen Amokläufer äußerst souverän reagierte: Während wir auf Streife waren, erhielten wir über Funk die Nachricht, dass ein Mann in einem Regionalzug eine Waffe hervorgeholt habe. Er sei Mitte zwanzig, trage eine Armeehose, einen langen Mantel und habe kurzgeschorene Haare.

Mir schwante nichts Gutes. Falls der Kerl ein potenzieller Amokläufer wäre – wie zum Teufel sollten wir ihm die Waffe abnehmen, falls er nicht kooperierte? Wir wollten ihn ja nicht provozieren und dadurch möglicherweise eine Kurzschlussreaktion mitten in einem belebten Bahnhof verursachen. Genauso wenig wollten wir auf ihn schießen müssen. Diese Gedanken gingen mir durch den Kopf, als ich mit Axel den Bahnsteig entlangging, wo gerade der besagte Regionalexpress eingefahren war. Zuerst war weit und breit kein Typ in Armeehosen zu sehen, dann trat plötzlich ein Mann aus der Bahn, auf den die Beschreibung der Leitstelle genau passte. Da war er – offenbar ahnungslos, dass wir bereits über die Waffe Bescheid wussten, die er vermutlich irgendwo unter seiner Kleidung versteckt hielt. Ich wartete auf ein Zeichen oder eine Anweisung von Axel, was jetzt zu tun sei, doch es kam nichts. Axels Gesicht war völlig ausdruckslos, so als langweile er sich ein wenig. Dann ging er plötzlich und ohne Vorwarnung rasch auf den jungen Mann zu, griff ohne Zögern vorne in dessen Hose und hatte fast im selben Augenblick die besagte Waffe in der Hand.

Ich bin mir nicht sicher, wer in diesem Moment verblüffter aus der Wäsche geschaut hat, der Möchtegern-Schütze oder ich. Genauso wenig war ich mir in diesem Augenblick sicher, ob Axel nicht ein halbes Dutzend Dienstvorschriften in nur einer Sekunde gebrochen hatte. So ein Szenario war mir in meiner Ausbildung jedenfalls noch nicht untergekommen. Sicher war nur eins: Der Trick hatte glänzend funktioniert. Der Typ entpuppte sich letztlich übrigens als harmloser Spinner, der mit einer Schreckschusspistole im Regionalexpress die Mitreisenden beeindrucken wollte.

Was diese Episoden zeigen: Es ist essenziell, jungen Polizisten erfahrene Kollegen zur Seite zu stellen. Sie zeigen aber auch: Auf dieser Erfahrung darf man sich nicht ausruhen, nach dem Motto «Die alten Hasen werden das den Anfängern schon beibringen». Die Erfahrung der Kollegen entbindet den Dienstherrn nicht von seiner Pflicht, sich um eine zeitgemäße Aus- und Weiterbildung zu kümmern. Wobei ich zugeben muss, dass bei der Bundespolizei tatsächlich Schulungen über Amokläufer stattfinden und ich auch einmal an einem eintägigen

Kurs teilgenommen habe. Wir lernten dort im Crashkurs-Verfahren, wie man sich durch ein Gebäude bewegt, wie man es räumt, wie man mit den Kollegen kommuniziert. Für die meisten der beteiligten Bundespolizisten eine eher verwirrende Erfahrung, denn die Einsatzfloskeln à la «Vorne drei clear!» sind vielleicht für Sondereinsatzkommandos gang und gäbe. Wenn man diese Befehle aber nicht regelmäßig anwendet oder zumindest die Möglichkeit hat, sie durch Training im Gedächtnis zu halten, läuft man Gefahr, sie schnell wieder zu vergessen.

Man sollte aber fairerweise an dieser Stelle hinzufügen, dass von der Polizei für solche Fälle Sondereinsatzkommandos vorgesehen sind und unsere Ausbildung als Kontroll- und Streifenbeamten auf ein vollkommen anderes Aufgabenfeld abzielt, nämlich den täglichen Streifendienst, präventive Präsenz am Bahnhof und die Aufnahme von Anzeigen. Die Wahrscheinlichkeit, dass z. B. bei einer Geiselbefreiung die Bundespolizei eingesetzt wird, ist also eher gering. Dennoch kann man sich nicht darauf verlassen, dass die Sondereinsatzkommandos immer schnell genug vor Ort sind und nicht auch der normale Bundespolizist in die primäre Gefahrenabwehr involviert wird. Und je besser Streifenpolizisten darin trainiert sind, mit Ausnahmesituationen umzugehen, desto effektiver können sie die Arbeit der Spezialkräfte unterstützen.

Denn die Zeiten haben sich gewandelt, und mit ihnen hat auch der Aufgabenbereich der Bundespolizei gewaltige Veränderungen durchgemacht. Vor 30 Jahren stand man noch mit Gewehren und Tarnkleidung an den Grenzen unseres Landes, um sie zu schützen. Heute unterstützt die Bundespolizei die Landespolizei in praktisch allen Bereichen von der Drogenfahndung und Diebstahlbekämpfung bis zur Sicherung von Großveranstaltungen und Demonstrationen.

Und wir sind mit neuen Bedrohungen konfrontiert, die es

in dieser Form vor der Jahrtausendwende nicht gegeben hat. Der Terrorismus hat auch unser Land erreicht, und wir mussten im Juli 2016 eine beispiellose Reihe von Attacken erleben, darunter den ersten Selbstmordanschlag auf deutschem Boden am Rande eines Musikfestivals im beschaulichen Ansbach und den brutalen Angriff auf nichtsahnende chinesische Touristen in einem Zug und auf eine Passantin bei Würzburg. Auch der Amoklauf von München, dem vor allem Jugendliche zum Opfer fielen und bei dem ein 18-Jähriger über Stunden hinweg eine Millionenstadt in den Ausnahmezustand versetzte, zeigt, wie verletzlich die moderne Gesellschaft gegenüber den Taten skrupelloser Einzeltäter ist. Zumal die Taten der jüngsten Vergangenheit – wie auch die Massaker in einem Nachtclub in Orlando oder bei den Feiern zum 14. Juli in Nizza – immer mehr die Frage aufwerfen, wo genau die Grenze zwischen einem terroristischen Anschlag und dem Amoklauf eines psychisch schwer kranken Täters verläuft.[20]

Wenn es um die Gefahrenabwehr geht, spielt immer häufiger das Internet eine zentrale Rolle: Terroristen, aber auch andere, oft international agierende Verbrecher nutzen die dortigen Kommunikationsplattformen und soziale Netzwerke, um ihre Taten zu planen, zu koordinieren und sich mit den nötigen Informationen und/oder Waffen zu versorgen. Ermittlungen auf dem Gebiet der digitalen Kommunikation werden in Zukunft immer zentraler werden – doch auch hier hinkt die Polizei in den letzten Jahren hinterher.

Wie so oft bedarf es erst einer Katastrophe, damit die Verantwortlichen aufwachen und zumindest Absichtserklärungen abgeben.[21] Noch 2014 beklagten die Polizeigewerkschaften in Bayern einen Mangel an sogenannten Cybercops, also Beamten, die neben der polizeilichen auch eine hochspezialisierte IT-Ausbildung haben. Sie kennen sich in Bereichen des Internets aus, die dem durchschnittlichen Computernutzer unzugänglich sind und in denen dunkle Geschäfte abgewickelt werden, dem sogenannten Darknet.

Die Gewerkschaften führten dieses Defizit an geeigneten Mitarbeitern vor allem auf die schlechte Bezahlung zurück – man habe Experten in der Vergangenheit mit «falschen und intransparenten Gehaltsversprechen geködert»[22]. Entsprechend konnten viele Planstellen nicht besetzt werden – ein Problem, das der Bund deutscher Kriminalbeamter allerdings nicht rein auf Bayern beschränkt sah.

Nach der Anschlagsserie von Würzburg, München und Ansbach will Bayern nun seine Zentralstelle für Cybercrime (ZCB) um 24 Experten bis Herbst 2018 aufstocken[23]. Denn nicht nur im Falle der beiden islamistischen Attentäter von Ansbach und Würzburg hatte das Internet als Kommunikationsmedium und Propagandaplattform eine wichtige Rolle gespielt. Auch der Attentäter von München nutzte das Netz, indem er auf heimtückische Weise versuchte, über Facebook möglichst viele Jugendliche zu der McDonald's-Filiale zu locken, in der er losschlug. Seine Waffe hatte er sich über das Darknet besorgt, den verborgenen Teil des Internets, in dem sich die Identität eines Benutzers effektiv verschleiern lässt.

Viele Straftäter gehören heute der Generation der *Digital Natives* an, sie nutzen das Internet sowohl als Kommunikationsmittel als auch als Tatort. Erpressersoftware, mit der fremde Computer gekapert und Nutzer erpresst werden können; Spähprogramme, die Passwörter auslesen, um Konten zu plündern; das Netz als Marktplatz für illegale Güter von Drogen über Waffen bis hin zu Kinderpornographie – um diesen neuen Herausforderungen zu begegnen, braucht die Polizei gut ausgebildete Experten. Doch die muss man erst mal haben. Nach Ansicht der Gewerkschaft der Polizei wären jedenfalls wesentlich mehr Fachleute nötig, als derzeit zur Verfügung stehen.[24]

Ich bin nicht sehr optimistisch, wenn es um die Frage geht, ob wir mit unserer Ausbildung als Bundespolizisten gut gerüstet sind für den Umgang mit Bedrohungen, wie sie beispielsweise von Terroristen oder Amokläufern ausgehen. Ich halte es zwar für unrealistisch, das Training von Streifenpolizisten, die an Hauptverkehrsknotenpunkten wie Bahnhöfen und Flughäfen eingesetzt sind, auf den Standard einer Spezialeinheit anzuheben. Allerdings geht es in extremen Gefahrensituationen oft um Sekunden, und eine einsatzbereite Polizistin oder ein gut trainierter Beamter kann bis zum Eintreffen der GSG 9 oder der SEKs helfen, ein Unheil zu verhindern. Das würde natürlich bedeuten: regelmäßige spezielle Ausbildungen für Amok- und Terrorlagen an Hauptbahnhöfen, Flughäfen und Regierungsgebäuden, um auf Ausnahmezustände besser vorbereitet zu sein. Auch der Chef der Deutschen Polizeigewerkschaft (DPolG), Rainer Wendt, hält solche Maßnahmen für unerlässlich: «Auch im Sinne der Eigensicherung wäre es notwendig, unsere Leute viel besser zu schulen. Wenn sie aber in den Dienstgruppen und Hundertschaften von Einsatz zu Einsatz hetzen, können die Polizisten nicht, was erforderlich wäre, alle drei Monate ein Verhaltenstraining absolvieren.»[25]

Wenn es um die Frage geht, ob die Polizei gewappnet ist für die Herausforderungen einer modernen Gesellschaft, muss man sicherlich auch darüber sprechen, warum nicht viel mehr Kollegen mit Migrationshintergrund in den Reihen der Bundespolizei arbeiten. Obwohl Bewerber mit speziellen sprachlichen und kulturellen Kenntnissen gerne eingestellt werden, besteht hier ein großes Defizit bei der Nachwuchsförderung. Das wird auch deutlich, wenn man sich die Statistiken anschaut: 2014 gab es mit Berlin (32 %) und Niedersachsen (17 %) lediglich zwei Bundesländer, in denen der Anteil an Bewerbern mit Migrationshintergrund bei der Landespolizei in etwa dem Anteil der Migranten in der Bevölkerung entsprach. Beide Länder hatten im Vorfeld entsprechende Werbeaktionen ins Rollen gebracht und gezielt Migranten angesprochen. Auf der Website der Polizeiakademie Niedersachsen findet man deshalb nicht nur auf Deutsch, sondern auch auf Türkisch, Russisch und Englisch Informationen über die Ausbildungsmöglichkeiten. Auch die Polizei Bonn startete 2013 eine Aktion, in der sie, unterstützt von den Generalkonsulaten der Türkei, von Algerien, Marokko und Tunesien, landesweit um Migranten für den Polizeidienst warben. Dreisprachige Flyer auf Deutsch, Türkisch und Arabisch unterstützten die Kampagne.

Der Anteil derjenigen, die tatsächlich im Polizeidienst tätig sind, liegt jedoch – wenn sie denn überhaupt statistisch erfasst werden – immer noch im einstelligen Prozentbereich.[26] Bei der Bundespolizei existieren zu diesem Thema nicht einmal Daten. Dabei halte ich es für sehr wichtig, in unserer multikulturellen Gesellschaft auch eine multikulturelle Polizei zu haben. Wie ich an anderer Stelle schrieb: Die Polizei ist ein Spiegel der Gesellschaft und deshalb sollte sie auch diejenigen einbeziehen, die als Bürger mit Migrationshintergrund einen stetig wachsenden Anteil an ihr haben. Während meines Polizeidienstes konnte ich jedenfalls immer wieder selbst die Erfahrung machen, wie sich die Situation entspannte, wenn zum Beispiel bei gewaltsamen Auseinandersetzungen unter jungen Migranten ein Kollege im Team war, der entweder selbst Türke, Araber oder Nordafrikaner war oder die jeweilige Sprache beherrschte.

Es mag mein subjektiver Eindruck gewesen sein, aber die Feindseligkeit gegenüber uns Polizeibeamten ließ spürbar nach in dem Augenblick, in dem das erste Wort auf Türkisch aus dem Mund eines Kollegen kam. Zahida und Serkan[27] von der Dienststelle Aachen sind dafür die besten Beispiele. Serkan ist Deutschtürke, Zahidas Eltern kommen aus Marokko. Die beiden sind ein eingespieltes Team, das Straftäter in den Zügen zwischen Köln und Aachen aufspürte. Oft hatten sie gerade jemanden festgenommen oder waren dabei, jemanden zu observieren, dessen voraussichtlicher Weg von Köln nach Aachen führen würde, wenn sie bei uns vorbeikamen. Die Erfolgsquote von Zahida und Serkan jedenfalls war beeindruckend – und das keineswegs nur bei nichtdeutschen Tätern.

Es muss den Verantwortlichen bei der Polizei gelingen, die Migranten zu erreichen, sie zu ermutigen, sich zu bewerben. Hier wird meiner Ansicht nach zu wenig getan – wenn man von den beiden oben genannten Werbeaktionen in Berlin und Niedersachsen einmal absieht. Ein Ansatzpunkt könnte sein, junge Migranten gezielt dort anzusprechen, wo sich erfahrungsgemäß viele von ihnen tummeln, z. B. in Sportvereinen. Bei Sportarten wie Boxen, Kickboxen und MMA ist der Anteil an jungen Männern mit Migrationshintergrund sehr hoch, und in den Jahren, die ich in Kampfsportvereinen verbracht habe, bin ich vielen von ihnen begegnet. Ich werde auch heute noch regelmäßig über meine Kampfsport-Website von jungen Migranten kontaktiert, die mich fragen: «Ich möchte später mal zur Polizei. Ich bin gebürtiger Marokkaner. Glaubst du, ich hab da Chancen? Ich hab mein Abitur gemacht, wie sieht's aus?» Und ich antworte ihnen dann, dass ich das für eine großartige Idee hielte, denn mit dem, was sie mitbrächten – zu Hause zu sein in zwei Kulturen und in zwei Sprachen –, hätten sie genau die Fähigkeiten, die heute dringend gebraucht würden, und sollten eigentlich gute Chancen haben, bei der Polizei genommen zu werden. Bessere sogar als ein Bewerber, der bei gleicher Qualifikation nur mit Deutsch punkten kann. Man muss im heutigen Europa dazu in der Lage sein, sich auch mit Menschen auseinanderzusetzen, die nicht aus Zentraleuropa stammen – und auseinandersetzen bedeutet hier auch: verstehen, wie sie denken, welche Mechanismen gerade in Konflikten zum Tragen kommen etc.

Viele der jungen Migranten arbeiten in der Sicherheitsbranche, d.h. als Türsteher bei Veranstaltungen oder in Clubs und Discotheken. Warum also nicht zu ihnen hingehen und sagen: «Hey Leute, mit diesen Qualifikationen, die ihr habt – ihr seid fit, ihr sprecht mehrere Sprachen, ihr kennt die Kulturen, ihr wisst, wie manche ticken und auch austicken. Wenn ihr gute Security-Leute seid, wenn ihr am Einlass immer alles unter Kontrolle habt – dann habt ihr bewiesen, dass ihr etwas könnt. Setzt doch einfach noch einen drauf: Macht euer Abi, geht zwei Jahre studieren»? Ich bin mir sicher, unter ihnen befinden sich einige geborene Polizisten.

Manchmal kam es allerdings vor, dass mich einer der Interessenten, nachdem ich ihn ermuntert hatte, sich zu bewerben, nachschob: «Da gibt's nur ein Problem, ich hab da nämlich einen Eintrag wegen einer Klopperei ...» Grundsätzlich bin ich der Ansicht, dass Kollegen, die etwas mehr Temperament mit in den Job bringen, durchaus ein Gewinn sein können – die Einstellungspolitik der letzten Jahre, die meines Erachtens eher Hans-Peter mit einem abgeschlossenen Hochschulstudium bevorzugt hat, ist nicht unbedingt zielführend, wenn es um den Job auf der Straße geht, wo es auch mal hart auf hart kommen kann. Ein Vorstrafeneintrag wegen Körperverletzung ist allerdings für einen zukünftigen Polizisten keine Empfehlung: Heißsporne, die Konflikte durch ihre aufbrausende Art eher befördern, können zum Problem werden – damit hatte ich ja durchaus auch meine etwas schmerzlichen

Erfahrungen machen müssen am Anfang meines Polizeidienstes. Bei der Polizei werden keine Rambos gesucht. Sondern vernünftige Leute, die auf vernünftige Weise ihren Job machen.

Dennoch sollte man genauer hinschauen: Die Vorstrafen dieser jungen Männer hängen oft mit ihrem Job als Türsteher zusammen – als solcher kassiert man blitzschnell eine Anzeige wegen Körperverletzung, wenn man der entsprechenden Klientel den Eintritt verwehrt.

Ohne alle über einen Kamm scheren zu wollen, muss man allerdings auch zugeben, dass bei manchem dieser jungen Kerle tatsächlich eine gehörige Portion Machismo bei seinem Berufswunsch eine Rolle zu spielen scheint: der Traum, sich Ansehen und Respekt über die Uniform zu holen und endlich mal der Chef sein zu können. Das muss man bei der Auswahl mitbedenken – mal ganz abgesehen davon, dass dieser Aspekt erfahrungsgemäß auch bei Bewerbern ohne Migrationshintergrund eine Rolle spielen kann.

Eines will ich an dieser Stelle aber auch ganz deutlich sagen: Nur weil Kollegen einen Migrationshintergrund haben, heißt es nicht, dass sie bestimmte Verhaltensweisen von Migranten eher tolerieren. Wer aus einem Land kommt, in dem keine freiheitlich-demokratische Grundordnung herrscht und die unsrige nicht achtet, kann auf kein Verständnis hoffen. Um bestimmte, nicht verhandelbare Werte wie zum Beispiel die Gleichberechtigung der Frau zu schützen, muss man nicht unbedingt wissen, wie Achmed oder Ali tickt. Aber ich bin überzeugt, dass es die Arbeit vereinfachen und das gegenseitige Verständnis fördern würde, wenn in einer Streife nicht nur Peter und Ulrike eingesetzt werden würden, sondern Peter und Mohammed und Ulrike.

Die Zusammensetzung der Polizei wird sich ändern, sie muss es tun, um den Veränderungen der Gesellschaft auch in dieser Hinsicht gerecht zu werden. Das wird nicht nur die Polizei, sondern alle Berufsgruppen betreffen. Und es ist die richtige Marschroute: Man muss das Potenzial dieser Menschen nutzen, indem man sie möglichst schnell integriert und ihnen die Chance gibt, einen Beitrag zu diesem Land, zu dieser Gesellschaft zu leisten.

Es ist vermutlich überall so: Dort, wo Dinge sich ändern, gibt es einen Teil der Bevölkerung, der dieser Veränderung misstrauisch gegenübersteht, und einen Teil, der sogar offen dagegen agitiert. Aber was spricht gegen Migranten im Polizeidienst? Manche Kritiker meinen, jemand, der nicht in Deutschland geboren sei, könne sich niemals im vollen Umfang mit den Werten dieses Landes identifizieren. Ich kann diese Ansicht nicht teilen. Ich kenne viele Menschen, die nicht in Deutschland geboren sind – und mit einigen von ihnen bin ich seit Jahren befreundet –, bei denen ich mir wünschte, dass sich einige der «geborenen Deutschen» ebenso sehr mit den Werten unseres Landes identifizierten wie sie.

Man muss sich zudem bewusst machen, dass die Leute, die bei der Polizei eine Anstellung finden, vorher ein hartes Auswahlverfahren durchlaufen haben. Und dass man bei diesem Auswahlverfahren festgestellt hat: Sie haben keine Eintragungen im Strafregister, sie sind der deutschen Sprache mächtig, sie verfügen über ein gutes Allgemeinwissen und Wissen über unser Rechtssystem, sie erfüllen die physischen und psychischen Voraussetzungen für den Polizeidienst und sind bereit für die «Straße». Wenn man diesen Standard beibehält, wird man keinerlei Probleme haben. Deshalb würde ich alle jungen Migranten, die in Deutschland leben und einen Job suchen, auffordern: Bewerbt euch bei der Polizei! Arbeitet hart und diszipliniert, macht euren Schulabschluss und werdet Polizist oder Polizistin! Wenn ihr an unserer Gesellschaft teilhaben wollt, dann tut das – indem ihr dafür sorgt, dass unsere freiheitlich-demokratischen Werte geschützt werden.

Doch auch im Polizeidienst ist gelungene Integration keine Einbahnstraße. Für deutsche Polizistinnen und Polizisten wird der Erwerb interkultureller Kompetenzen immer wichtiger. In Nordrhein-Westfalen hat man das früh erkannt. Ab 2002 wurden hier erste interkulturelle Fortbildungsseminare für Polizisten angeboten, seit 2012 existieren zehn verschiedene Seminarreihen, deren Themen von «Grundwissen Islam» über «Arbeit in multikulturellen Polizeiteams» bis zu «Spannungsfeld Aus- und Übersiedler» reichen.[28] Über 8000 Polizisten haben an diesen Seminaren bereits teilgenommen, und als jemand, der selbst mit einer Japanerin verheiratet ist und für den das interkulturelle Zusammenleben zum Alltag gehört, hätte ich mich als Bundespolizist mit Begeisterung auf ein solches Angebot gestürzt. Leider wurde es im Rahmen meines Polizeidienstes nie angeboten. Zwar ist der Einsatzbereich von Bundespolizisten ein anderer als beispielsweise der eines Streifenbeamten in einem Stadtviertel mit hohem Migrantenanteil, aber auch am Hauptbahnhof sind die Beamten, wie bereits hinlänglich klargeworden sein dürfte, ständig mit Menschen aus anderen Kulturen konfrontiert. Deswegen wären solche Fortbildungen auch bei der Bundespolizei durchaus sinnvoll.

Eigentlich sollten heutzutage interkulturelle Fortbildungen für jeden Polizisten zugänglich sein, wobei es auch nicht schaden kann, je nach Einsatzbereich entsprechende Sprachkenntnisse zu erwerben. Der Kriminalkommissar und Ausbildungstrainer für «Interkulturelle Kompetenz» in Nordrhein-Westfalen, Wilhelm Stratmann, und sein Koautor zitierten 2013 aus einem Standardwerk zum Thema, um den Anspruch zu formulieren, dem eine zukunftsgerichtete Polizeiarbeit ihrer Meinung nach gerecht werden muss: «Die Polizei steht mit der

Aufgabe, mehr interkulturelle Kompetenz zu erwerben, vor einer innovativen Entwicklungsaufgabe, die mit einem Konzept von Weiterbildung als Krisenreaktion bzw. als ‹Reparatur-Weiterbildung›, die lediglich Fehler und Schwächen abzustellen versucht, nicht zu leisten ist.»[29]

Eine Einschätzung, die ich nur unterstreichen kann, verweist sie doch auch auf andere Bereiche der Polizeiarbeit, in denen lieber notdürftig zusammengeflickt und erst dann reagiert wird, wenn die Probleme akut werden, anstatt frühzeitig eine gut durchdachte Gesamtstrategie im Umgang mit neuen Herausforderungen zu entwickeln. Und eine solche Herausforderung ist ohne Zweifel das harmonische Zusammenleben in einer multikulturellen Gesellschaft.

Solange aber die Polizei mit zu wenig Personal versuchen muss, einen Berg von Aufgaben zu bewältigen, die die Beamten zugleich zeitlich über- wie fachlich unterfordern; solange sie dadurch ihre eigentlichen Aufgaben vernachlässigen müssen und solange Personal nach Kriterien zwischen den Standorten verteilt wird, die in erster Linie dem aktuellen Mangel gehorchen – so lange ist nicht damit zu rechnen, dass die Polizei den Herausforderungen der Zukunft kreativ begegnen kann. Denn Visionen und neue Ideen brauchen ein Umfeld, in dem sie gedeihen können – und Verantwortliche, die bereit sind, dieses Umfeld zu schaffen.

Ausrüstungsmängel gefährden die Sicherheit

Personalmangel und eine unzureichende Ausbildung sind ein Aspekt, wenn es um die Defizite bei der deutschen Polizei geht, eine weiterer ist die mangelhafte Ausrüstung. Gute Arbeit verlangt gutes Werkzeug – dieser Satz gilt nicht nur für Handwerker. Er gilt auch für gute Polizeiarbeit. Doch häufig beklagen sich Polizisten darüber, dass ihre Ausstattung kaum den Mindeststandards genügt, die für die effektive Ausübung ihrer Pflichten und nicht zuletzt für ihre eigene Sicherheit im Dienst notwendig wären.

Mir ist klar, dass nicht jeder Bundespolizist mit einer Schussweste gegen Großkaliber ausgerüstet werden kann und die Panzerung aller Einsatzfahrzeuge das Budget überschreiten würde. Aber schon eine bescheidenere Investition in die Ausrüstung der Beamten würde meiner Ansicht nach helfen, sie in gefährlichen Situationen umfassender zu sichern, und ihnen so ermöglichen, einen besseren Job zu machen.

Während meiner Arbeit am Hauptbahnhof zeigte sich das vor allem bei der Schutzausrüstung, die wir bei «polizeilichen Großlagen», also bei Großereignissen wie Fußballspielen oder bei Demonstrationen tragen sollten. Dazu zählen u. a. Ganzkörper-Protektoren zum Schutz der Beamten bei Ausschreitungen, genannt «Turtle» (englisch für «Schildkröte»). Sie bestehen aus Arm- und Schienbeinschonern, Brustpanzer und Helm. Komplettiert wird dieses Outfit durch Schild und Schlagstock. Leider reichten die Lagerbestände nicht in jedem Fall aus, um alle beteiligten Beamten eines Großeinsatzes ausreichend zu versorgen. Ich kann mich an eine Demonstration der rechtsextremen Partei «pro Köln» erinnern, bei der wir den von Gegendemonstranten besetzten Bahnhof in Düren räumen sollten. Jeder versuchte sein Bestes zu geben; dennoch machten wir nicht gerade einen professionellen Eindruck: Einige Kollegen hatten einen kompletten Turtle an, andere nur Teile davon, weil wir keine vollständigen, zusammengehörenden Einsatzanzüge zur Verfügung hatten, manche waren noch im Grün der alten Uniformen, manche schon in Blau. Am Einsatzort kam ich mir vor, als sei ich ein Teil der Chaotentruppe aus der Komödie *Police Academy*. Ähnlich erging es wohl auch den Demonstranten, jedenfalls wurde unsere Aufforderung, den Platz zu räumen, von ihnen gänzlich ignoriert. Nach einer Weile tippte mir jemand auf die Schulter, und als ich mich umdrehte, blickte ich in die Augen des Leiters der Einsatzhundertschaft aus Sankt Augustin, der mir in ruhigem Tonfall mitteilte: «Ihr könnt jetzt gehen, wir übernehmen ab hier.»

Tiefschwarze Einsatzkleidung, alle wichtigen Körperpartien geschützt durch Protektoren, auf den Helmen die Markierung und kodierte Bezeichnung der Hundertschaft – so stellten sich die Beamtinnen und Beamten entschlossen den Demonstranten im Bahnhof entgegen. Diese Truppe machte sogar auf mich Eindruck. Schlagartig änderte sich die Stimmung. Plötzlich wurden keine Witze mehr gemacht – da waren sie nun, die Profis, und ihr Auftreten ließ unmissverständlich erkennen, dass sie entschlossen waren, ihre Autorität durchzusetzen.

Solche Einsätze gehörten für mich zwar nicht zum Alltag, aber sie kamen regelmäßig vor. Wir haben währenddessen unsere Haut genauso riskiert wie jeder andere auch. Gerade die Bundespolizisten am Hauptbahnhof, die eher in solche Situationen kommen als ihre Kollegen außerhalb der Stadtzentren, sollten einheitliche Uniformteile und vollständige Schutzkleidung zur Verfügung gestellt bekommen.

Die Kollegen würden sich außerdem weitaus sicherer fühlen, wenn es ein ähnliches Ausrüstungslager wie für polizeiliche Großlagen auch für den akuten Ausnahmezustand geben würde, wie er beispielsweise bei terroristischen Gefährdungssituationen oder Amoktätern eintritt. Es existiert zwar eine Sammlung schwerer Schutzwesten für unterschiedliche Terrorwarnstufen, aber die sind bei weitem nicht ausreichend, um alle Streifenbeamten damit zu versorgen, sodass einige Kollegen im Ernstfall auf Westen der Standardschutzklassen angewiesen wären[30] – von anderen Führungs- und Einsatzmitteln, die ein Ausnahmezustand erfordert, wie den entsprechenden Waffen oder nicht tödlichen Einsatzmitteln wie Tränengasgranaten, einmal ganz abgesehen.

Was die Ausrüstungsdefizite der Polizei angeht, brauchen wir allerdings gar nicht bis zu besonderen Gefährdungslagen zu gehen. Auch im ganz normalen Polizeialltag finden sich haarsträubende Beispiele für mangelhafte Ausstattung. Nehmen wir einfach mal so etwas scheinbar Banales wie die Computerversorgung bei der Landespolizei Nordrhein-Westfalen. Es ist erschreckend, wie wenig man dort digital auf der Höhe der Zeit ist: Als Microsoft im April 2014 den Support seines zu diesem Zeitpunkt schon völlig veralteten Betriebssystems Windows XP einstellte, war es trotzdem noch auf den Polizeicomputern in Nordrhein-Westfalen installiert und wurde fröhlich weiterbenutzt. Da «Einstellung des Supports» gleichbedeutend ist mit dem Wegfall aktueller Sicherheits-Updates, die die Computer vor Hackerangriffen, Trojanern und Viren schützen, stellte ein besorgter Abgeordneter der Piratenpartei im nordrhein-westfälischen Landtag eine Kleine Anfrage an die Landesregierung. Er wollte erfahren, wie es unter diesen Umständen um die Sicherheit der 36 316 Rechner in den Dienststellen des Landes bestellt sei. (Wir reden hier wohlgemerkt von Rechnern, die routinemäßig hochsensible personenbezogene Daten abrufen, speichern und verarbeiten.) Die Landesregierung musste zugeben, dass sie die rechtzeitige Umstellung versäumt hatte – die Frist von Microsoft war wohl mit ca. sieben Jahren etwas zu knapp geraten für die Mühlen der Landesverwaltung. Die Regierung verwies jedenfalls auf die von ihr ausgehandelte einjährige Sonderverlängerung des Supports, die Microsoft Institutionen und Unternehmen gewährte, die auf ähnliche Weise den Zeitpunkt für den Umstieg verpasst hatten[31], und die sich der Konzern mit über 300 000 Euro vergüten ließ. Das Land blieb allerdings die konkrete Antwort auf die Frage des Piraten-Abgeordneten schuldig, wie man es schaffen wollte, rechtzeitig bis zum Ablauf der letzten Frist am 7. April 2015 sämtliche Computer wie geplant auf Windows 8.1 umzurüsten.[32] Als der hartnäckige Pirat ein Jahr später unter der spöttischen Überschrift «Wer zu spät kommt, den bestraft das Leben» erneut eine Kleine Anfrage stellte, konnte die Landesregierung zwar vermelden, dass bis auf 166 Rechner mittlerweile alle Geräte auf Windows 8.1 hochgerüstet waren (ein System, das zu diesem Zeitpunkt allerdings auch schon von der nächsten Windows-Programmversion überholt worden war) und dass diese restlichen Computer zumindest nicht mit dem Internet verbunden und damit von außen angreifbar seien[33]. Unerwähnt blieb jedoch, dass an anderer Stelle immer noch nicht aktualisierte XP-Rechner eingesetzt wurden und bis heute werden. Denn diese Computer zählen nicht zu den normalen Arbeitsrechnern, sondern sind Teil einer weiteren hochsensiblen Stelle der polizeilichen Infrastruktur. Die Rede ist vom Notruf- und Funkvermittlungssystem in den 49 Leitstellen in NRW, das eigentlich im Rahmen der Umstellung auf Digitalfunk schon seit Jahren durch ein moderneres System hätte ersetzt werden sollen. Doch technische Probleme, verbunden mit den Sparauflagen der Landesregierung, führten zu einer Situation, bei der Teile der Modernisierung bis heute ausstehen. Das trifft insbesondere die Technik der Leitstellen. Diese arbeiten weiterhin mit ihren alten XP-Rechnern, die so in das Funkvermittlungssystem eingebunden sind, dass es unter einer neueren Windows-Version schlichtweg nicht mehr funktionieren würde.[34]

Das Problem ist nun: Die Hardware in den Leitzentralen ist nicht nur veraltet, sondern auch ziemlich marode – und im Falle eines Defekts sind für diese alten Rechner nicht einmal mehr Ersatzteile erhältlich. Da die Landespolizei darauf verzichtet hat, Wartungsverträge für ihre Hardware abzuschließen, bedeutet der Ausfall eines der antiquierten Rechner, dass man jedes Mal versuchen muss, möglichst schnell ein altes, in den meisten Fällen ein gebrauchtes, Ersatzgerät aufzutreiben. Ohne einen Wartungsvertrag, der den Austausch auch eines älteren Geräts binnen Stunden garantiert, ist das Funkvermittlungssystem der Leitstelle im Ernstfall auf unbestimmte Zeit beeinträchtigt. (Die Investition in einen neuwertigen PC wäre übrigens nutzlos, denn Windows XP lässt sich auf Geräten neueren Datums schon gar nicht mehr installieren.) Das hat letztlich zur Folge, dass im Falle eines solchen Defektes Notrufe nicht mehr durchgestellt werden können. Im Klartext: Wer in Gefahr ist oder Hilfe holen will, wählt die 110 in solch einem Fall vergeblich.

In NRW kamen übrigens laut einer Studie, die Innenminister Jäger in Auftrag gegeben hatte, zwischen 2012 und 2015 über ein halbe Million Notrufe nicht bei der Leitstelle an – das entspricht einem Anteil von sechs Prozent. Ähnliche Probleme sind aus Berlin bekannt, wo die Quote bei sieben Prozent liegt.[35] Auf weitere Aspekte, die sich aus der Digitalfunk-Misere für den Sprechfunk der Beamten ergeben, werde ich später noch zu sprechen kommen.[36]

Ich denke, es ist an der Zeit, das nötige Geld in die Hand zu nehmen und mutige Entscheidungen zu treffen – und das gilt nicht nur für den Digitalfunk oder die Ausstattung mit leistungsfähigen Rechnern, die den neuesten Sicherheitsstandards entsprechen, sondern auch für viele andere Ausstattungsfragen. Schon bald nachdem ich bei der Bundespolizei angefangen hatte, habe ich erkannt, dass man von seinem Dienstherrn nicht mehr zu erwarten hat als das Standard-Equipment, das gerade mal ausreicht, um den grundlegendsten Pflichten als Polizist gerecht zu werden. Ausrüstungsgegenstände wie das Paar Handschellen und einsatzfeste Stiefel wurden von der Bundespolizei bereitgestellt; die gewissen «Extras» musste man sich jedoch selbst und auf eigene Kosten besorgen.

Nun kann man natürlich sagen: Okay, es muss ja nicht immer das beste und damit oft auch das teuerste Equipment sein. Trotzdem gab (und gibt) es bestimmte Dinge, die sich fast jeder Kollege zusätzlich kauft, weil die dienstlich gelieferte Ausrüstung einfach nicht für den Polizeialltag ausreicht.

Meine erste eigene Anschaffung war eine leistungsstarke Taschenlampe. Das mag von außen betrachtet nicht gerade der wichtigste Ausrüstungsgegenstand eines Polizisten sein, aber für den Alltag ist er unentbehrlich. Buntmetalldiebe zum Beispiel arbeiten vorzugsweise nachts. Sie demontieren auf Bahnanlagen und Schienenstrecken alles, was aus Kupfer, Aluminium oder Bronze hergestellt ist und sich aufgrund der lukrativen Weltmarktpreise gewinnbringend an Schrotthändler verkaufen lässt – bis hin zu unter Strom stehenden Hochspannungsleitungen, die sie in speziellen Schutzanzügen durchtrennen. Wenn wir innerhalb unserer Nachteinsätze auf das Bahngebiet und die Gleise mussten, wussten wir oft nicht, ob wir auf Diebesbanden, spielende Kinder oder Sprayer treffen würden, und die Bereiche, in denen wir unterwegs waren, waren meist stockdunkel und nicht ganz ungefährlich. Eine Lampe, die das gesamte Terrain ausleuchten konnte und dadurch einen besseren Überblick über die Umgebung verschaffte, war unerlässlich, vor allem, wenn wir auf unwegsamem Gelände das Polizeiauto stehen lassen und damit auf dessen Scheinwerferlicht verzichten mussten. Außerdem war man mit einer leistungsstarken Lampe für andere Einsatzkräfte besser zu erkennen und zur Not auch für den Führer eines herannahenden Zuges. Das konnte lebensrettend sein.

Ich weiß noch genau, wie stolz ich war, als ich mein amerikanisches Taschenlampenmodell für knapp 100 Euro erstmals mit zur Arbeit nahm. Damit konnte man ein Fußballstadion bei Nacht ausleuchten. Eine deutliche Steigerung im Vergleich zur Mini Maglite, die zwar zu unserer Standard-Dienstausstattung gehörte, aber so schwach ist, dass sich ihre Helligkeit kaum von der eines gewöhnlichen Smartphones unterscheidet. Als wir bei einem meiner ersten Nachteinsätze nach Buntmetalldieben Ausschau hielten und die Kollegen das Gebiet um die Gleise ausleuchteten, holte ich meine Mini Maglite hervor, um die Lichtkegel zu ergänzen. Mit dem Effekt, dass sich die Dunkelheit vor meiner Lampe von pechschwarz in ziemlich schwarz verwandelte. Als ich in die Gesichter der Kollegen blickte, war mir klar, dass eine meiner nächsten Anschaffungen eine brauchbare Taschenlampe sein würde.

Ein anderes, für die Sicherheit der Polizisten viel existenzielleres Gebiet, auf dem meiner Ansicht nach dringend investiert werden muss, ist der Infektionsschutz. Ich spreche hier natürlich nicht von Grippe und Co, sondern von ernsthaften Erkrankungen wie Aids, Tuberkulose oder Hepatitis. Hier gefährdet man aus Spargründen fahrlässig die Gesundheit der Beamten.

Tatsächlich bereitete mir die Ansteckungsgefahr während meiner Dienstzeit besonders große Sorgen: Die Menschen, mit denen wir es am Bahnhof zu tun hatten, waren nun mal nicht unbedingt bei bester Gesundheit – und bei Personendurchsuchungen ist die Gefahr einer Infektion durchaus real. Das galt vor allem bei Asylbewerbern, in deren Heimatland ein hohes Tuberkuloserisiko besteht. Um uns zu schützen, stand uns lediglich ein einfacher Mundschutz aus Papier zur Verfügung, dessen Verfallsdatum oft längst abgelaufen war. Wir setzten ihn uns trotzdem auf, um zumindest subjektiv das Gefühl zu haben, Krankheitskeime und Viren fernhalten zu können – und zumindest ich habe mich nie angesteckt. Aufschlussreich war dennoch, mit anzusehen, was passierte, als wir einmal für einen tuberkulosekranken Eritreer den Rettungsdienst der Feuerwehr rufen mussten. Die Sanitäter liefen in gelben Ganzkörperschutzanzügen und Plastikschutzmasken mit Atemfilter bei uns auf. Ich muss sagen: In solchen Momenten kommt man sich mit einem Stück lamellierten Papiers vor Mund und Nase ein klein wenig albern vor. Nachdem die gelben «Astronauten» unsere Dienststelle unter dem ohrenbetäubenden Zischen ihrer Atemfilter wieder verlassen hatten, schüttelten meine Kollegen und ich nur resigniert die Köpfe und schleuderten unseren Mundschutz kollektiv in den Müll.

Auch erkrankte Obdachlose oder Junkies stellen eine potenzielle Gefahr für Polizeibeamte dar. In der Informationsdatenbank der Polizei werden sie deshalb immer mit der Anmerkung «Ansteckungsgefahr» gekennzeichnet. In der Regel ging es dabei um Krankheiten wie HIV und Hepatitis C.

Der mangelnde Infektionsschutz ist auch anderswo in der Republik ein Problem für Polizisten, besonders in Fällen, wo möglicherweise infizierte Tatverdächtige Beamte anspucken oder beißen, was in jüngster Zeit immer häufiger vorkommt. In Bayern hat die Anzahl der Beißattacken auf Polizisten zwischen 2012 und 2014 um 40 % auf 281 Fälle zugenommen.[37] Für einen Beamten birgt jeder Biss oder Kontakt mit den Körperflüssigkeiten eines Verdächtigen die Gefahr einer Infektion – eine nicht zu unterschätzende Belastung, zumal der Aggressor selbst bislang laut Gesetz keine Auskunft darüber geben muss, ob er mit einer (vielleicht tödlichen) Krankheit infiziert ist. Auch nicht Polizisten gegenüber, die er (unter Umständen mutwillig) durch seine Attacke angesteckt oder zumindest gefährdet hat.

In Bremen wurde dieses Gesetz auf Betreiben der Gewerkschaft der Polizei im vergangenen Jahr mit der Unterstützung von SPD, CDU und den Grünen geändert. Das «Gesetz zur Behandlungseinleitung bei Infektionen mit übertragbaren Krankheiten durch Dritte» erlaubt den Polizeibehörden, entsprechende Untersuchungen anzuordnen und betroffene Beamte über den Befund zu informieren.[38] Die Initiative kam in Bremen übrigens in Gang, nachdem ein infizierter Tatverdächtiger einer jungen Polizistin in den geöffneten Mund gespuckt hatte. Die meisten anderen Bundesländer hatten schon länger entsprechende Regelungen, die einen Zwangstest bei Gefahr im Verzug ermöglichen.[39] Was einem freilich nicht mehr viel nützt, wenn die Untersuchung erst im Nachhinein stattfinden kann.

Wie oft haben Süchtige uns gegenüber die Frage verneint, ob sie gefährliche, spitze oder scharfe Gegenstände bei sich trügen, und wie oft haben wir dann beim Abtasten trotzdem benutzte Spritzen und Kanülen gefunden, mit der potenziellen Gefahr, uns daran zu verletzen oder mit HIV oder Hepatitis anzustecken. Deswegen würde ich jedem Polizeibeamten raten, sich stich- und schnittfeste Handschuhe zu besorgen. Sie können einem das Leben retten. Die Handschuhe, die einem vom Dienstherrn zur Verfügung gestellt werden, bieten in dieser Hinsicht nämlich keinerlei Schutz.

Außerdem empfehle ich jedem Beamten, sich einen robusten Einsatzgurt zu besorgen, in dem Pfefferspray, Funkgeräte und Schlagstock bombenfesten Halt finden. Warum ich so viel Aufhebens um einen Gurt mache? Nun, das hat damit zu tun, dass mein ausgeleierter alter Dienstgürtel mit den laschen Halterungen mich einmal ganz konkret einen Einsatzerfolg gekostet hat: Die Bundespolizei hat in Köln die nicht sehr dankbare Aufgabe, sich um die illegalen Graffiti auf den Zügen im Abstellbahnhof Nippes am Gladbacher Wall zu kümmern. Das Gelände liegt direkt neben einer mehrspurigen Hauptverkehrsader, auf der Höhe des Großbordells Pascha, und war ein beliebtes Ziel für Eisenbahn-Brachland-Sprayer. Jedes Mal, wenn uns wieder ein Vorfall von den Bahnbediensteten gemeldet wurde, mussten wir ausrücken, eine Bestandsaufnahme machen, Fotos schießen und einen Bericht anfertigten. Ein eingespieltes Ritual, das ohne Konsequenzen für die Sprayer blieb, denn zu fassen bekamen wir sie nie. Mittlerweile erschwert eine überdachte Reparaturhalle für die ICEs und eine neue Halle, in der die S-Bahn gewartet wird, den Zugang zu den Zügen, doch zu meiner Dienstzeit konnte man das Gelände, auf dem die Züge abgestellt waren, leicht erreichen. Es entwickelte sich schnell zum beliebten Freiluftatelier für allerlei «Künstler», die die Züge bei Nacht oft ungestört besprayen konnten, in der stolzen Gewissheit, dass ihr Werk schon tags darauf für alle Welt sichtbar über die Bahnstrecken durchs Land rollen und ihnen den Respekt ihrer Sprayer-Konkurrenz eintragen würde – zumindest bis es irgendwann von Angehörigen der Deutschen Bahn entdeckt, gemeldet und unter großem Aufwand entfernt wurde.

Ich wollte das unbedingt ändern. Nicht weil ich persönlich etwas gegen die Jungs gehabt hätte. Aber als Revanche für all die ergebnislose Schreibarbeit, die sie uns ständig verursachten, wollte ich zumindest einen von ihnen schnappen. Vielleicht hatte das ja auch einen Effekt auf die gesamte Szene, und sie würde sich vom Abstellbahnhof zurückziehen.

Eines Nachts, ich war mit zwei Kollegen zur Autostreife eingeteilt, erreichte uns ein Funkspruch: Unbefugte Personen seien von Bahnangestellten auf dem Gelände am Gladbacher Wall gesehen worden.

Als wir dort ankamen, nieselte es leicht. Die tiefdunkle Nacht wurde nur an einigen wenigen Stellen von Lampen erhellt. Zwei Bahnmitarbeiter empfingen uns und gingen mit uns zu der Stelle, wo sie die Personen gesehen hatten. Und tatsächlich: Da, keine 20 Meter von uns entfernt, standen drei Sprayer und besprühten in aller Seelenruhe ein Zugabteil. Leise schlichen wir uns an. In diesem Moment setzte einer der Bahnangestellten einen Funkspruch ab. Unüberhörbar laut. Ich wäre vor Wut fast explodiert – da hätten wir uns auch gleich mit einem Megaphon ankündigen können. Es kam, wie es kommen musste: Wie ein paar aufgescheuchte Hühner drehten sich die drei vermummten Typen um, entdeckten uns und ergriffen die Flucht.

Ich schoss los, um die Verfolgung aufzunehmen. Nach kurzer Zeit hatte ich meine Kollegen abgehängt. Die drei Sprayer sprangen am äußersten Rand des Abstellbahnhofs durch das dichte Gebüsch. An dieser Stelle geht es gut sieben bis acht Meter steil bergab in Richtung Hauptstraße. Vom Jagdfieber gepackt, hechtete ich ihnen hinterher, landete auf dem Hintern und schlitterte die Böschung hinunter. Eine Rutschpartie ohnegleichen. Unten angekommen, rappelte ich mich auf – die drei waren nur zehn Meter vor mir, direkt in meinem Blickfeld. Auf dem Weg die Böschung hinunter hatten sie offensichtlich ihr ganzes Equipment verloren. Wenigstens das.

Jetzt begann die eigentliche Verfolgungsjagd. Knapp

100 Meter an der Hauptstraße entlang, begleitet vom Hupkonzert der Autofahrer. Zwei der Jungs konnten ihren Vorsprung halten, der dritte fiel etwas zurück. «Der gehört mir», dachte ich, während ich allmählich zu ihm aufschloss.

Wir kamen zu einer Stelle, an der ein dünner Pfad voller weggeworfener Glasflaschen wieder hinauf zum Bahnhofsgelände führt. Genau dort rannten die drei jetzt hoch. Meiner Meinung nach der ideale Ort für einen Hinterhalt. Falls sie tatsächlich vorhatten, mir eine Falle zu stellen, wollte ich nicht unvorbereitet hineintappen. Also griff ich instinktiv nach meinem Schlagstock. Doch der war zu meinem Schrecken verschwunden. Ich beschloss, den Kollegen meinen Standort durchzugeben, um die weitere Verfolgung mit ihnen zu koordinieren, und griff an die Stelle, an der sich normalerweise mein Funkgerät befand. Ich griff ins Nichts. Auch das Pfefferspray – weg.

Ich musste mich der bitteren Erkenntnis stellen, dass ich mich während meiner abenteuerlichen Verfolgungsjagd nicht nur von meinen Kollegen getrennt hatte, sondern auch von meiner kompletten Ausrüstung, die eben nur mit einem der üblichen Dienstledergurte und Halterungen gesichert war. Schnell rannte ich ein paar Meter zurück, um zu sehen, ob die verschollenen Ausrüstungsgegenstände vielleicht irgendwo in der Nähe waren, damit ich die Verfolgung wiederaufnehmen konnte, doch sie waren spurlos verschwunden. Ebenso die drei Tatverdächtigen.

Wie ein geprügelter Hund schleppte ich mich durch den Regen zurück an die Stelle, wo die Verfolgung angefangen hatte. Nicht nur, dass ich die Jungs nicht bekommen hatte, jetzt musste ich meinen Kollegen auch noch erklären, dass wir meine Sachen in dieser stockfinsteren Nacht an einer matschigen Böschung suchen mussten.

Mit einem richtigen Einsatzgurt wäre das Equipment vielleicht dort geblieben, wo es sein sollte.

Die Wertschätzung des Staates für seine Polizeibeamten kann nicht besonders hoch zu sein, wenn er sie mit Material abspeist, das bestenfalls zweitklassig oder noch schlechter ist bzw. mit Technik ausstattet, die sie im Ernstfall im Stich lässt. Wenn es um Führungs- und Einsatzmittel der Polizei geht, geht es nicht zuletzt auch um die Eigensicherung der Beamten, also den Schutz ihrer körperlichen Unversehrtheit. Darum sollte gerade hier zuallerletzt gespart werden.

Die Selbstverständlichkeit, mit der hingenommen wird, dass Beamte sich auf eigene Kosten um die Verbesserung ihres Equipments bemühen, finde ich erschreckend. Sie zeigt, dass man es aufgegeben hat, das Engagement des Staates selbst dort einzufordern, wo er zuständig wäre.

Wir werden im Folgenden sehen, welche Konsequenzen sich aus dieser quasi institutionalisierten Nachlässigkeit ergeben, wenn es um unser Hauptkommunikationsmittel, den Funkverkehr, geht und was die schwerwiegenden und gleichwohl seit langem bekannten Probleme mit dem Digitalfunk für die Polizisten im Einsatz bedeuten.

Kein Empfang – wenn der Funk die Polizei im Stich lässt

Funktionierender Sprechfunk ist für die Polizeiarbeit fundamental und kann im Extremfall sogar über Leben und Tod entscheiden. Man sollte also annehmen, dass ein störungsfreier Sprechfunk oberste Priorität haben sollte. Doch weit gefehlt, vielmehr sind zahlreiche Polizisten in Deutschland täglich mit unfassbaren Einschränkungen konfrontiert, die sie und andere in Gefahr bringen können. Eigentlich sollte es hierzulande längst ein flächendeckendes Digitalfunknetz für die Polizei geben. Sollte. Denn obwohl formell in Betrieb, zeichnet es sich vor allem durch seine Störanfälligkeit aus.

Welche Auswirkungen fehlender Funkkontakt haben kann, zeigte sich deutlich in der Silvesternacht 2015 / 16. Mein Exkollege Holger erzählte mir die folgende Episode: In dieser besagten Nacht wurden er und seine beiden Kollegen auf die andere Seite des Bahnhofs zum Breslauer Platz gerufen. Es hieß, zwei Gruppen von Serben seien in Streit geraten und lieferten sich eine Schlägerei: Verletzte, Blut am Boden – das ganze Programm. Die Polizisten forderten als erstes über Funk einen Rettungswagen an, doch sie bekamen keine Verbindung mit den Sanitätern zustande. Also versuchten sie zunächst, die Kontrahenten zu trennen, die sich unbeeindruckt von der Ankunft der Beamten weiter prügelten. Das Eingreifen der Polizisten hatte vielmehr zur Folge, dass die Serben, die eben noch hemmungslos aufeinander losgegangen waren, sich nun verbündeten und ihre Angriffe gegen Holger und seine Kollegen richteten. Unvermittelt fanden sich die Beamten in der unangenehmen Situation wieder, sich gegen eine Überzahl außer Kontrolle geratener Schlägertypen wehren zu müssen, für die eine Polizeiuniform offenbar nur insofern von Bedeutung war, als sie ein besonders attraktives Ziel für neue Gewaltausbrüche darstellte. Der Widerstand wurde schließlich so massiv, dass die Streife sich gezwungen sah, Verstärkung anzufordern. Doch auch diesmal ließ sie der Funk im Stich. Sie konnten die Kollegen einfach nicht erreichen.

Schließlich kam die Verstärkung dann doch, gerade noch rechtzeitig, in Gestalt von vier Beamten der Landespolizei, die dabei halfen, die Serben zu überwältigen und dingfest zu machen. Holger dankte den Unterstützern, wunderte sich aber, dass statt der Kollegen der Bundespolizei eine Streife der Landespolizei gekommen war. «Woher wusstet ihr denn, dass wir hier Hilfe brauchen? Ist unser Funkspruch doch durchgekommen? Wir haben nämlich überhaupt keine Antwort erhalten.»

Der Beamte von der Landespolizei schaute ihn überrascht an. «Funkspruch? Nee, uns haben ein paar Passanten hergeschickt. Die hatten gesehen, dass ihr Probleme habt, und meinten, wir sollten hier vielleicht mal vorbeischauen.»

Holger war fassungslos. Er und seine Kollegen hatten sowohl über Digitalfunk als auch über Analogfunk versucht, die Leitzentrale zu erreichen. Doch offensichtlich waren sie ausgerechnet an diesem Abend, an dem ein funktionierender Sprechfunk wichtiger gewesen wäre denn je, in einem funktechnischen Bermudadreieck verschwunden, das jegliche Kontaktaufnahme unmöglich machte und nicht nur die Einsatzfähigkeit der Beamten behinderte, sondern sie auch selbst in Gefahr brachte. Ein Funkloch – und zwar nicht in einem Hochmoor im belgisch-deutschen Grenzgebiet oder irgendwo in der Eifel, sondern hier, mitten in der viertgrößten Stadt Deutschlands, auf der Rückseite des Hauptbahnhofs. Quasi vor der eigenen Haustür. Und trotz einer technischen Ausrüstung, die eigentlich in jeder Situation eine störungsfreie Kommunikation hätte garantieren müssen – es aber nicht tat. Was war hier los?

Derartige Funklöcher sind leider keine Seltenheit am Hauptbahnhof. Neu war nur, dass sie diesmal im Freien auftraten. Denn im Inneren des Bahnhofsgebäudes muss man immer mit Funkausfällen rechnen. Der Schwarze Peter liegt in diesem Fall bei der Deutschen Bahn, die als Betreiberin des Hauptbahnhofes für die sogenannte Inhouse-Funkausleuchtung zuständig ist, d.h. für die flächendeckende Verfügbarkeit von Sende- und Empfangsmöglichkeiten innerhalb eines Gebäudes.

Der Kölner Hauptbahnhof ist leider kein Einzelfall. An vielen öffentlichen Orten, wie z. B. Tiefgaragen, ist die Versorgung mit Funksignalverstärkern, sogenannten Repeatern, derzeit mangelhaft, und zwar in vielen Bundesländern. Als im Juli 2016 ein bewaffneter Patient einen Arzt im Berliner Benjamin-Franklin-Krankenhaus erschossen hatte und es zunächst unklar war, ob es sich um einen beginnenden Amoklauf oder die Aktion eines Terroristen handelte, verlor das Einsatzteam der Polizei, die den Täter im Inneren des Krankenhauses stellen wollte, jegliche Funkverbindung zur Einsatzleitung und untereinander.[40] Ein Funktionsausfall, der weitere tödliche Folgen hätte haben können. Solche Ereignisse erklären, warum Polizisten in Berlin und anderswo für die Kommunikation während eines Einsatzes gerne auf ihre privaten Mobilfunkgeräte zurückgreifen. Die Chance, dass die ihren Dienst tun, liegt ungleich höher – ein absurder Zustand.

So auch in Köln am Hauptbahnhof. Jeder Beamte weiß, dass an bestimmten Stellen innerhalb des Bahnhofsgebäudes der Digitalfunk nicht verlässlich funktioniert. Wer dort im Einsatz ist und beispielsweise bei einer Personenkontrolle einen Funkspruch absetzen will, muss den Kollegen oder die Kollegin alleine lassen und in eine andere Passage ausweichen, wo der Empfang besser funktioniert – in der Hoffnung, dass sich die Kontrollierten ruhig verhalten, während sie von nur noch einem Beamten in Schach gehalten werden. Oder die Beamten bemühen ihr Handy, was in einer Gefahrensituation manchmal wertvolle Sekunden kostet. Zumal man nicht immer davon ausgehen kann, dass in der Hektik eines polizeilichen Großeinsatzes ein Handyanruf sofort bemerkt wird.

Doch damit nicht genug: In funktechnisch hinreichend «ausgeleuchteten» Ecken können sich zwei Digitalfunkgeräte gegenseitig neutralisieren, wenn die beiden Benutzer nicht einen gewissen Mindestabstand zueinander einhalten. Da man als Streife gewöhnlich zu zweit unterwegs ist und, siehe oben, schon mal in großer Eile auf zwei separaten Funkgeräten Rettungssanitäter und Verstärkung anfordern muss, können solcherlei Ausfälle zu gefährlichen Situationen führen, sowohl für die Bürger als auch für die Beamten. Mit anderen Worten: Der digitale Polizeifunk schafft sich in Köln seine Funklöcher selbst.

Eigentlich sollte dessen Einführung die Kommunikation verlässlicher und einfacher handhabbar machen. Aber wie heißt es so schön? So viel Anfang war nie.

Davon können auch die Kollegen von der Landespolizei ein Lied singen. Dabei reden wir beim Digitalfunk nicht von einer brandneuen Innovation, die quasi erst gestern eingeführt wurde und deshalb die eine oder andere Kinderkrankheit überstehen muss. Der damalige Innenminister Otto Schily verkündete bereits vor über zehn Jahren, im Vorfeld der Fußballweltmeisterschaft 2006, die Einführung eines flächendeckenden Digitalfunknetzes für Polizei und Hilfsdienste – rechtzeitig vor Beginn der WM. Doch der angepeilte Zeitplan erwies sich schnell als zu optimistisch, und so mussten die Sicherheitskräfte während des «Sommermärchens» ohne digitalen Sprechfunk auskommen.

Sechs Jahre später war das Projekt immer noch nicht richtig in Gang gekommen, und der Landesvorsitzende der Gewerkschaft der Polizei in Nordrhein-Westfalen, Frank Richter, bezeichnete das Tempo, das Deutschland bei der Digitalisierung des Funkverkehrs vorlegte, gar als an «Realsatire» grenzend. Als 2012 endlich die ersten Testläufe in ausgesuchten Leitstellen wie Düsseldorf, Mönchengladbach oder dem Kreis Mettmann stattfanden, arbeiteten die Polizeibehörden praktisch überall in Europa bereits flächendeckend mit moderner

Digitaltechnik. Nur Deutschland bildete das traurige Schlusslicht – zusammen mit Albanien.[41]

Bis heute, im Herbst 2016, ist der Digitalfunk in Deutschland alles andere als verlässlich, und der veraltete Analogfunk muss weiter als Krücke herhalten, wenn die Leitstelle mal wieder nicht über digitale Kanäle erreichbar ist. Es sind Funkgeräte in Betrieb, die schon vor 10, 15 Jahren hätten ausgetauscht werden müssen – sind sie defekt, gibt es für sie nicht einmal mehr Ersatzteile. Bei diesen Analogfunkgeräten, dies nur mal als Anmerkung für die «Generation Smartphone», handelt es sich um unterarmlange Ungetüme, die am Fuß einen großen austauschbaren Akku haben. Diese gaben aufgrund ihres Alters regelmäßig den Geist auf, sodass wir zusätzlich immer einen Ersatzakku mit auf Streife nahmen. Immerhin sind Funkgeräte so massiv, dass sie zur Not auch als Schlagstock verwendet werden können. Als Polizist muss man pragmatisch denken.

Funktechnisch betrachtet, ist die Polizei in Nordrhein-Westfalen also bislang eher ein Technikmuseum für antiquierte Gerätschaften als eine moderne Behörde auf der Höhe der Zeit.

Erschwerend kommt hinzu, dass die Anzahl digitaler Funkkanäle im Land begrenzt ist. Pro Kommune stehen etwa 20 Kanäle zur Verfügung, die sich die Polizei auch noch mit der Feuerwehr teilt. Nicht gerade üppig, wie ich finde.

Im Bestreben, Geld zu sparen, hat sich die Landesregierung in Nordrhein-Westfalen zudem bei der Sender- und Empfängerdichte für den Aufbau eines Netzes entschieden, das von Experten als die unterste von vier möglichen Stufen bewertet wird (in Bayern ist es, nebenbei bemerkt, die zweitbeste Stufe, was Sender- und Empfängerdichte angeht). Ich finde es erschreckend, dass die Landesregierung den Qualitätsstandard unseres Hauptkommunikationsmittels für Rettungs- und

Sicherheitsbehörden so niedrig ansetzt. Denn dies bedeutet, da sind sich die Experten einig, dass nach dem derzeitigen Stand keine zuverlässige Alarmierung von Einsatzkräften gewährleistet werden kann – zumal das Netz nur außerhalb von Gebäuden eine verlässliche Versorgung zulässt.

Erschwerend kommt hinzu, dass keine der Leitstellen in Nordrhein-Westfalen über eine funktionierende Drahtanbindung ans Funknetz verfügt, wie es eigentlich verpflichtend der Fall sein sollte. Sie allein macht es nämlich möglich, dass der Leitstelle innerhalb des behördlichen Sprechfunks Priorität gegenüber anderen Teilnehmern eingeräumt wird. Dieses Manko bedeutet in der Praxis: Sind alle digitalen Funkkanäle durch die Kommunikation anderer Einsatzkräfte belegt, kommt auch die jeweilige Leitstelle nicht mehr zum Zuge. Sie ist nur einer unter zahllosen Teilnehmern im Netz – ein Status, der den Begriff «Leitstelle» ad absurdum führt. Solange keine Hierarchie innerhalb der Funksprüche besteht, kann weder ein zentraler Notruf für alle umliegenden Streifen abgesetzt werden, noch irgendeine Ordnung bei all den zusätzlichen Kanalnutzern aufrechterhalten werden.

Wie aber soll ein Einsatz geleitet werden, wenn man technisch nicht in der Lage ist, sich Gehör zu verschaffen? Im Analognetz funktioniert zumindest diese Vorfahrtsregelung für die Leitstelle – allerdings ist die Qualität dabei oft so schlecht, dass die Leitstelle Schwierigkeiten hat, den Inhalt von Funksprüchen überhaupt zu verstehen.

Besonders bei Großveranstaltungen wie zum Beispiel an Silvester ist ein solches Funkchaos fatal. Silvester 2015 brach am Hauptbahnhof, laut Aussagen eines Polizisten vor dem Untersuchungsausschuss, innerhalb einer Stunde das Telefonnetz dreimal für jeweils fünf bis zehn Minuten zusammen, um 0.22 Uhr auch kurzzeitig das Funknetz.[42]

Solange das digitale Netz in Deutschland nicht verlässlich funktioniert und die zuständigen Behörden und das Innenministerium sich nicht um die Einführung eines funktionierenden Funksystems nach Standards des 21. Jahrhunderts kümmern, sondern lediglich Flickschusterei betreiben, bleibt der Polizei nur die Wahl zwischen Pest und Cholera – und für die Bürger das Risiko, in Notfällen niemanden zu erreichen.

Erschöpft und frustriert – das Burnout-Problem

«So ein Scheißladen! Ich sag dir eins, Hein, das hast du alles noch vor dir. Wenn ich hier weg bin, kracht der Laden zusammen.»

Je länger ich während meiner Kölner Dienstzeit mit Axel zusammenarbeitete, desto häufiger geschah es, dass ich Sätze wie diesen zu hören bekam. Axel gehörte zur alten Garde der Bundespolizisten, er wusste alles, er konnte alles, und er war länger für die Bundespolizei im Dienst als ich auf der Welt. Wir waren oft zusammen auf Streife, und er ließ mich an seinem reichen Erfahrungsschatz, den er während seiner langen Dienstjahre gesammelt hatte, teilhaben. Genauso nahm er großen Anteil an meiner Sportlerkarriere und ließ sich von mir alles über mein Judo-Training erzählen. Axel gehörte mit Sicherheit zu denjenigen Kollegen, die mir über das Berufliche hinaus in unserer Dienststelle persönlich am nächsten standen.

Aber etwas begann sich mit den Jahren zu verändern. Mehr und mehr schien Axel den «Verein» – wie er die Bundespolizei nannte – zu verabscheuen. Er hatte die ganze Misere miterlebt: den stetigen Abbau von Planstellen, die zunehmenden Überstunden, jahrelange Wechselschichten. Er hatte gesehen, wie das Rentenalter sukzessive hochgesetzt wurde und wie die

Politik die Bundespolizei mit dem Flüchtlingsproblem alleingelassen hatte. Nun war er an einem Punkt angelangt, an dem er keine Lust mehr hatte, sich weiter leidenschaftlich zu engagieren. Die Begeisterung für seine Arbeit schien erloschen, ebenso wie der Glaube daran, als Polizist noch wirklich etwas bewirken und zum Besseren wenden zu können.

Ich konnte seine Haltung nachvollziehen, und es tat mir leid, dass er so frustriert war. Doch je mehr «der Laden» ihm zu schaffen machte, desto häufiger bekam auch ich seinen Frust zu spüren. Ich wollte mich von seiner Wut und Enttäuschung aber nicht anstecken lassen. Lieber ließ ich mich mit anderen Kollegen zur Streife einteilen. Ich war ihm nicht böse, aber ich fing an, ihm aus dem Weg zu gehen.

Axel war und ist kein Einzelfall bei den Bundespolizisten. Viele Kollegen hatten, so kam es mir zumindest vor, innerlich mit ihrem Beruf abgeschlossen. Sie rissen ihren Schichtdienst herunter und diskutierten tagelang im Aufenthaltsraum darüber, wie man als Beamter eine Zahnzusatzversicherung abschließen konnte, um 13 Euro im Monat zu sparen. Der Rest war belangloser Smalltalk, um das Deprimierende des Berufsalltags zu übertünchen. Viele Polizisten funktionierten nur noch. Warum sich ein Bein ausreißen, wenn es einem am Ende doch keiner dankt?

Schon früh habe ich mitbekommen, dass bei der Bundespolizei Strukturen herrschen, die die Polizisten nicht gerade dazu ermuntern, sich mehr als nötig zu engagieren. Ich erinnere mich noch gut daran, als ich das erste Mal mit meinem Kollegen Olaf[43] unterwegs war und wir vier Männer aus Bulgarien kontrollierten. Seit der EU-Osterweiterung 2007 hatte die Anzahl der Buntmetalldiebstähle in Deutschland eine neue Rekordmarke erreicht, und vor allem Sinti- und Roma-Banden plünderten Schrottplätze und Restmetalllager und demontierten Kabel, Sicherungen und Leitungen auf Bahnanlagen. Wir versuchten alles, um die Diebe möglichst auf frischer Tat zu ertappen.

Nun standen wir also vor den Verdächtigen, und der älteste, anscheinend der Anführer, rastete sofort aus und fing an, uns in einer Mischung aus Italienisch und Bulgarisch zu beleidigen (die Gruppe hatte sich, wie wir später herausfanden, zuvor in Italien aufgehalten). Einer seiner Begleiter stand daneben und übersetzte mit sichtlichem Vergnügen alle obszönen Flüche und Verwünschungen ins Deutsche. Ich fand, den Mann müsse man festnehmen. So könne er doch nicht mit Polizisten reden. Olaf war nicht meiner Meinung und meinte schließlich, als ich insistierte: «Dann mach doch! Den Widerstand schreibst aber du!»

Erst später begriff ich, worauf er hinauswollte: Eine Anzeige wegen Widerstands gegen Vollzugsbeamte hätte viel Aufwand bedeutet und so gut wie überhaupt nichts gebracht. Ich habe dieses Thema bereits thematisiert und ausgeführt, warum ich es problematisch finde, dass der Tatbestand der Beleidigung oder des Widerstands gegen Beamte nicht oder nur selten geahndet wird: Wiederholungstäter werden dadurch immer skrupelloser.

Es gibt aber noch einen weiteren Aspekt, und zwar aufseiten der betroffenen Beamten. Wie sich im konkreten Fall herausstellte, ging es Olaf darum, einen Tätigkeitsnachweis zu bekommen.

Soll eine Person, gegen die ein Strafverfahren läuft, überwacht werden, beantragt die Staatsanwaltschaft eine sogenannte Aufenthaltsermittlung, was auch in der betreffenden Polizeiakte vermerkt wird. Gerät die Person in eine erneute Kontrolle, müssen die Beamten einen kurzen Bericht darüber schreiben und die Staatsanwaltschaft informieren. Der Vorgang selbst ist schnell erledigt. In der Statistik bekommt er eine Vorgangsnummer, die eigentlich nur der Identifizierung in der internen Polizeidatenbank dienen soll. Jedes Mal, wenn ein Polizist tätig wird – unabhängig davon, ob es um eine Personalienfeststellung geht, eine Festnahme oder um eine Anzeige –, wird der entsprechende Vorgang mit einer Nummer versehen und in der Datenbank hinterlegt. Diese Nummern werden überregional registriert, sind deutschlandweit abrufbar und dementsprechend ziemlich lang. Allerdings ist daran nicht ablesbar, welche Art von Vorgang dahintersteckt, also ob sie zum Beispiel zu einer relativ simplen Aufenthaltsermittlung gehört oder zu einer wesentlich zeitaufwendigeren und bearbeitungsintensiveren Festnahme – zumindest nicht, wenn man sich nicht die Mühe macht, den entsprechenden Vorgang in der Datenbank zu öffnen und den Bericht zu lesen. Der Einfachheit halber werden diese Vorgangsnummern aber durchaus auch von den Vorgesetzten bei der Bundespolizei mit herangezogen, wenn es um die turnusmäßige Beurteilung der Mitarbeiter geht, die z. B. über eine Beförderung entscheidet.

Was daran problematisch ist: Die bloße Anzahl der bearbeiteten Vorgänge pro Mitarbeiter findet damit Eingang in seine Gesamtbewertung. Aus polizeilicher Sicht haben Aufenthaltsermittlungen eher einen geringeren Wert, aber man kann sie problemlos herunterschreiben, jeden Tag eine Seite, und sammelt damit auf leichte Art und Weise eine schöne Summe an Vorgangsnummern an. Wer also nicht tiefer gräbt, gewinnt den Eindruck, einen Mitarbeiter vor sich zu haben, der die Ärmel hochkrempelt, in die Hände spuckt und aktiv wird. Das gilt nicht nur für den einzelnen Beamten, sondern auch für die Dienstgruppe insgesamt: Denn so, wie Beamte von ihrem Dienstgruppenleiter beurteilt werden, werden diese auch vom Inspektionsleiter bewertet, u. a. eben auch auf der Basis der Vorgangsnummern. Statistisch steht also eine Dienstgruppe mit vielen Nummern besser dar als eine Dienstgruppe, die zwar wenige Vorgangsnummern gesammelt, sich dafür aber ggf. mit größerem Engagement um viel relevantere Fälle gekümmert hat. Obwohl sich auch die Dienstgruppenleiter nicht allein auf die bloße Anzahl der Vorgangsnummern verlassen haben, ist nicht auszuschließen, dass sie einen gewissen psychologischen Einfluss auf die Beurteilungen hatten.

Polizeiarbeit ist zu weiten Teilen präventiv. Wenn ich permanent auf Streife bin, immer an der richtigen Stelle stehe und dann aufgrund meiner Präsenz in diesem Bereich weniger Straftaten geschehen oder ich schnell eingreifen und Konflikte schlichten kann, bevor sie eskalieren, dann kann man sagen: Ich leiste gute Polizeiarbeit. Nicht aber statistisch gesehen. In der Statistik der Dienststelle leiste ich gar nichts, weil es für solche Tätigkeiten keine Nummern gibt.

Grundsätzlich kann ich den Kollegen, die ihre Arbeit nach Vorgangsnummern ausrichten, nicht einmal einen Vorwurf machen. Die Regelung ist einfach absurd. Besonderes Engagement, fachliche Kompetenz oder die Verhütung von Verbrechen werden mit diesem Bewertungsverfahren schlichtweg nicht honoriert.

Wer also einen kleinen finanziellen und-/oder Karrieresprung machen wollte, versuchte eben, sich über die Anzahl der bearbeiteten Vorgänge in einem günstigen Licht zu präsentieren – wahrscheinlich würde ich es genauso machen, wenn ich noch im Polizeidienst wäre.

Mein Vorwurf geht hier ganz klar an den Staat. Wenn Bundespolizisten für ihre Arbeit, besonders angesichts der heutigen Verhältnisse, angemessen bezahlt werden würden, würden die Kollegen nicht zu solch absurden Taktiken getrieben. Ich behaupte keineswegs, dass meine Kollegen besser arbeiten würden, wenn sie mehr Geld bekämen. Die überragende Mehrheit der Polizisten, die ich kennenlernen durfte, hat trotz dieser widrigen Umstände gewissenhaft gearbeitet. Selbst als die zunehmende Zahl der Asylanträge uns weitestgehend an die Schreibtische und Computer fesselte und das Personal für die Streifengänge knapp wurde, haben wir versucht, zumindest noch eine einzelne Streife in den Bahnhof zu schicken, um präventiv wirken zu können.

Doch bei vielen Kollegen konnte ich sehen, wie der Mangel an Anerkennung, der Frust über fehlende Karrierechancen und den gewissenlosen Verschleiß von Beamten durch eine ruinöse Personalpolitik dafür gesorgt hat, dass ihnen die Lust an ihrer Arbeit vollends verging.

Eine vielbeachtete Studie der Hochschule Magdeburg-Stendal im Auftrag des Bundesinnenministeriums, für die zwischen 2006 und 2008 mehr als 2000 Bundes- und Landespolizisten befragt wurden, zeigt, dass Bundespolizisten im Vergleich zu anderen Einsatzkräften besonders häufig unter Stress- und Burnout-Symptomen litten. Während des Erhebungszeitraums stieg der Anteil der Bundespolizisten, die von der Forschungsgruppe als «hoch ausgebrannt» klassifiziert wurden, von 15 auf 25 %, während er unter Landespolizisten konstant bei einem Wert von 10 % blieb – ebenfalls kein geringer Anteil. Rund zwei Drittel der Bundespolizisten fühlten sich zudem nur wenig mit den Werten und Zielen der Behörde verbunden, 42 % schätzten sich selbst als «gering engagiert» ein.[44] Die Beerlage-Studie (so benannt nach der Leiterin der Forschungsgruppe) kritisierte dabei vor allem die unzureichenden Rahmenbedingungen, denen die Beamten in ihrem Dienst unterworfen sind: «Im Bereich der polizeilichen Gefahrenabwehr zeigt sich, dass die Arbeitsbelastungen ein Maß erreicht zu haben scheinen, das durch Ressourcen innerhalb der Dienststellen nicht burnout-präventiv abgefangen werden kann.»[45]

Die Gründe für den Burnout unter Polizisten sind vielfältig, dazu zählen der Stress durch endlose Zusatzbelastungen in Form von Überstunden und Sonderdiensten oder auch die Häufung von Einsätzen, deren Sinnhaftigkeit sich den Beamten nicht länger erschließt, weil sie bestehende Missstände nicht beheben. Die Folge: Viele von ihnen machen nur noch Dienst nach Vorschrift, weil es die einzige Strategie zu sein scheint, um den als sinnentleert empfundenen Arbeitsalltag zu ertragen. Einige Faktoren liegen im Berufsbild an sich begründet, haben sich aber in den letzten Jahren in extremem Maße verschlimmert, wie z. B. die Konfrontation mit Gewalt und die zunehmenden Anfeindungen und Übergriffe auf Polizisten[46].

2010 beschäftigte sich eine weitere Forschungsarbeit auf der Basis der Beerlage-Studie speziell mit der Bundespolizei. In der sogenannten Strohmeier-Studie der Technischen Universität Chemnitz, die in Kooperation mit der Gewerkschaft der Polizei entstand, gaben 4753 Beamte über verschiedene Teilbereiche ihres Berufslebens Auskunft.

Die Ergebnisse sind besorgniserregend. Ganze 76,2 % der Befragten bewerteten den dienstlichen Belastungsgrad als hoch bzw. sehr hoch, wobei vier Fünftel der Teilnehmer besonders den Schichtdienst als psychisch und physisch belastend empfanden. Knapp die Hälfte der Befragten bewerteten zudem die Vereinbarkeit von Familie und Beruf als schlecht bis sehr schlecht.[47] Als weitere belastende Faktoren wurden genannt: die «Nicht-Einhaltung der Arbeitszeitregelung, häufige (kurzfristig angeordnete) Wochenenddienste, häufige (kurzfristig angeordnete) Mehrarbeit, fehlende Abbaumöglichkeiten geleisteter Mehrarbeit, lange Schichtdiensttätigkeiten, Auslandsverwendungen, häufige Versetzungen an einen anderen Dienstort, lange Abordnungen sowie heimatferne Verwendungen (die zu einem äußerst hohen Anteil an Fernpendlern führen).»[48] Dabei stellten die Studienleiter fest, dass die meisten kurzfristigen Dienste keineswegs unvermeidlichen Sachzwängen entsprängen, sondern vielmehr die Konsequenz mangelhafter Einsatzplanung seien. Dies alles führt zu einem extrem hohen Krankenstand: So sind im Jahr 2010 auf jeden Bundespolizisten im Schnitt 21,45 Krankheitstage gekommen.[49] Ein weiteres Indiz für das vorherrschende Gefühl von Frustration bei der Bundespolizei ist auch die Tatsache, dass von den Befragten gerade mal zwei Fünftel angaben, sich noch einmal für den Dienst in der Bundespolizei zu entscheiden, falls sie vor der Wahl stünden.[50]

Die Strohmeier-Studie ergänzt ihre Analyse mit einem umfangreichen Katalog von Empfehlungen, der nicht allein Erleichterungen bei Arbeitszeit, Verbesserungen in der Ausrüstung und bessere Verdienst- und Aufstiegsmöglichkeiten anmahnt. Als weiteren wichtigen Punkt hebt er hervor, dass durch ein System der Motivation und Anerkennung die Identifikation der Beamten mit ihrer Behörde gesteigert werden müsse.

Strohmeiers Studie erweist den Bundespolizistinnen und -polizisten einen großen Dienst, indem sie sowohl auf die Bedeutung von Bezahlung und beruflicher Perspektive als auch auf soziale und psychologische Faktoren für eine erfolgreiche Polizeiarbeit abhebt. Es ist eben nicht damit getan, die Unzufriedenheit der Mitarbeiter – wie es einer unserer Vorgesetzten tat – mit einem markigen «Wir müssen alle Opfer bringen» abzutun.

Strohmeier macht deutlich, dass gestresste, ausgebrannte und von ihren Familien und ihrem sozialen Umfeld entfremdete Polizisten keine Privatsache sind, sondern dass Kollegen unter dem Einfluss eines Burnout-Syndroms eher Fehler machen und ihre Arbeitskraft nicht zu 100 % einbringen – weil die Rahmenbedingungen, denen sie permanent ausgesetzt sind, ihnen genau diese Kraft rauben. Strohmeiers Fazit lautet denn auch unmissverständlich: «Vor dem Hintergrund der skizzierten Situation wirken sich Kürzungen des (Personal-)Haushalts im Bereich der Bundespolizei verheerend aus: Sie gefährden nicht nur die Gesundheit der Beschäftigten der Bundespolizei, sondern auch die Aufgabenerfüllung durch die Bundespolizei – und damit die innere Sicherheit der Bundesrepublik Deutschland.»[51]

Aus vielen Gesprächen mit Exkollegen weiß ich, wie belastend die häufigen Versetzungen an andere Einsatzorte oder kurzfristig anberaumte Dienste sind und wie sie zu Spannungen innerhalb der Familie oder mit dem Partner führen. Wenn Bundespolizisten aus Köln zum Beispiel für fünf Wochen nach Bayern geschickt werden, um in den dortigen sogenannten Bearbeitungsstraßen ankommende Flüchtlinge zu registrieren, oder für drei Monate am Frankfurter Flughafen eingesetzt werden, wird selten auf ihren Lebensmittelpunkt, ihre Familien oder ihr soziales Umfeld Rücksicht genommen.

Sicherlich könnte man einwenden, dass auch andere Berufsgruppen wie z. B. Krankenhauspersonal mit anstrengenden Schichtdiensten konfrontiert und Geschäftsreisende und Manager ebenfalls von ihren Familien getrennt und auf Reisen sind, und wem das zu viel ist, solle nicht Polizist werden. Doch wir haben es hier nicht allein mit Belastungen zu tun, die der Beruf eben mit sich bringt, sondern mit einer permanenten, zunehmenden *Über*lastung, die durch die personelle Unterbesetzung der Polizei bei gleichzeitiger Ausweitung ihrer Verantwortlichkeiten geprägt ist. Wer sich ständig durch eine realistischerweise kaum zu bewältigende Flut von Aufgaben überfordert sieht, der bricht irgendwann einmal unter ihr zusammen.

Sollte sich dieser Zustand nicht ändern und die Verantwortlichen in der Politik und auf den höheren Ebenen der Bundespolizei nicht endlich entschiedene Schritte hin auf eine grundlegende Reform des Polizeidienstes unternehmen, wird es in Zukunft weitaus weniger Bewerber für den Polizeiberuf geben, als das derzeit noch der Fall ist. Denn dieses negative «Preis-Leistungs-Verhältnis» wird sich auf dem freien Arbeitsmarkt schnell herumsprechen und den Beruf für junge Menschen immer unattraktiver machen.

Es gibt heute fast in jeder Dienstgruppe Fälle von Burnout. Auch in meiner gab es Kollegen, die an psychosomatischen Beschwerden litten und beispielsweise Schlafstörungen oder ein Magengeschwür entwickelten. Zwei oder drei von ihnen fielen gesundheitsbedingt sogar für längere Zeit aus.

Auch Selbstmorde kommen unter Polizisten häufiger vor. Im Jahr 2015 teilte das nordrhein-westfälische Innenministerium mit, dass sich in den vergangenen fünf Jahren 41 Polizisten das Leben genommen hatten. In Berlin gibt es pro Jahr vier bis sechs Fälle, während Hamburg z. B. keine Statistiken darüber führt. Der Vize-Bundesvorsitzende der GdP, Arnold Plickert, sagte zu den Zahlen in NRW: «Es gibt eine erschreckend hohe Zahl ungeklärter Suizide. Wir müssen die Hintergründe unbedingt aufklären, um zu erkennen, ob sie berufliche Gründe haben. Es kann am höheren Stress im Alltag liegen, aber wir wissen es nicht genau.»[52] Zwei dieser Suizide ereigneten sich auch in unseren Dienstgruppen am Hauptbahnhof – einer davon in der Zeit, als ich dort arbeitete. Ich hatte selbst einmal mit dem betreffenden Kollegen Schichtdienst geleistet, und er war mir im Vorfeld keineswegs als ein Mensch erschienen, der zu Depressionen neigte.

Auch wenn man sich hüten sollte, solche Tragödien auf einen einzelnen Grund zurückzuführen, kann man sich in der

Tat fragen, inwieweit persönliche Krisen durch den alltäglichen Arbeitsdruck, wenn schon nicht ausgelöst, so doch verschlimmert werden.

Erich Traphan, der bei der Polizei NRW u. a. Beamte im Bereich Stressmanagement coacht, bringt es folgendermaßen auf den Punkt: «Aus Erfahrung kann man sagen, dass bei einem Selbstmord in fast 80 Prozent der Fälle Probleme aus dem sozialen Umfeld vorliegen, mal mehr Beruf, mal mehr Privatleben. Es stimmt also nicht, wenn man einen Selbstmord grundsätzlich nur auf private Belastungen zurückführt. Die Behörden gehen damit immer noch sehr unbeholfen um.»[53]

Arnold Plickert fügt einen weiteren Aspekt hinzu: «Es gibt nicht mehr diesen Zusammenhalt. Man sitzt nach Dienstschluss viel seltener beisammen und bekommt nicht mehr so mit, wenn es einem Kollegen schlechtgeht.»[54] Der Grund dafür liegt auf der Hand: Wer am Wochenende Sonderdienste fahren muss oder beim Geburtstag der Kinder nicht anwesend sein kann, weil er in der Zeit nach Bayern abgeordnet war, der verbringt die knappe Zeit, die ihm bleibt, eher mit seiner Familie als beim Feierabendbier mit den Kollegen. So bleibt das Zwischenmenschliche unter den Kollegen außerhalb der Dienstzeit meist auf der Strecke.

Ich höre dieser Tage immer wieder den Einwand, es sei in allen Branchen schwierig, sei es in der Baubranche oder der Gastronomie: Alle hätten es schwer. Das ist durchaus richtig, doch ich denke, dass bei Berufen, bei denen es durchaus um Leben oder Tod oder zumindest um die körperliche Unversehrtheit von Menschen geht – so wie es z. B. bei Ärzten, Sanitätern im Rettungsdienst oder bei der Polizei der Fall ist –, die Belastungssituation eine gänzlich andere ist als bei anderen Tätigkeiten. Das ergibt sich sowohl aus der Verantwortung, die Polizisten tragen, als auch aus den mitunter extremen Situationen, mit denen sie regelmäßig konfrontiert sind und die «normale Menschen», wenn überhaupt, nur sehr selten durchleben müssen. Polizisten werden Zeuge von Gewalt und Niedertracht, blicken in menschliche Abgründe und begegnen totaler Verwahrlosung. Nicht immer lassen sich diese Eindrücke einfach abschütteln. Beinahe tagtäglich erlebt man, was Menschen sich selbst und anderen anzutun fähig sind, und muss dabei versuchen, nicht zum Zyniker zu werden.

Wenn ich in der Gastronomie eine Bestellung falsch aufnehme, dann ist das ärgerlich, es hat aber keine größeren Folgen – im Zweifelsfall habe ich dann eben ein Bier zu viel oder zu wenig gezapft. Daran stirbt keiner, vermutlich werde ich auch nicht wegen Verletzung von Dienstvorschriften verklagt, und höchstwahrscheinlich werde ich auch nicht Ziel eines körperlichen Angriffs. Wenn ich aber bei einem Polizeieinsatz falsch entscheide, einen Bombenkoffer nicht als solchen erkenne oder bei einer Leibesvisitation das Messer übersehe, mit dem sich der Untersuchungshäftling nachher in der Zelle den Hals aufschneidet oder einen Kollegen angreift – was alles schon vorgekommen ist –, dann sind das gravierende Folgen des eigenen Tuns, die jede Situation zum «Ernstfall» machen können.

Ich möchte an dieser Stelle etwas ausführlicher von einer persönlichen Erfahrung berichten, um zu verdeutlichen, mit welcher Art Belastung (Bundes-)Polizisten konfrontiert werden. Belastungen, auf die man während der Ausbildung nicht vorbereitet wird – schlichtweg, weil es nichts gibt, was auf sie vorbereiten könnte.

Zu den schlimmsten Dingen, mit denen ich als Polizist während meiner Zeit am Hauptbahnhof umzugehen lernen musste, gehörte ein «Zugunglück mit Personenschaden». Hinter dieser nüchternen Formulierung verbirgt sich in vielen Fällen der Tod eines Menschen, meist ein Suizid. Warum sich immer wieder verzweifelte Menschen dafür entscheiden, sich auf derart brutale Weise das Leben zu nehmen, ist für mich schwer begreiflich. Doch es ist keine Seltenheit. Statistisch gesehen gehört es für jeden Zugführer dazu, einmal während seines Dienstlebens in diese entsetzliche Situation zu kommen. Eine Situation, in der es für ihn unmöglich ist, den Zug rechtzeitig zum Stehen zu bringen, und die ihn wider Willen zum Vollstrecker eines Todesurteils werden lässt, das ein Fremder über sich selbst gesprochen hat.

Ich musste mit meinen Kollegen einige Zugführer nach solchen «Zugunglücken mit Personenschaden» zum genauen Hergang befragen, und alle waren sie in einer ähnlichen Verfassung: unter Schock. Vermutlich verschwendet keiner der Lebensmüden einen Gedanken daran, was sie denen antun, die sie auf diese Weise zu unfreiwilligen Mittätern machen. Einer der Lokführer erzählte mir von einem jungen Pärchen, das eines Tages gemeinsam direkt vor ihm auf die Schienen trat, sich umdrehte und ihn ansah, während er vergeblich versuchte, den Zug zum Stehen zu bringen. Er sagte, den Blick der beiden, bevor es diesen lauten Knall gab und die Lok mit ihnen kollidierte – diesen Blick werde er nie aus seinem Gedächtnis löschen können.

Für mich fand die erste Begegnung mit dem Tod auf Schienen gegen Ende meines ersten Dienstjahres statt. Man hatte uns – den Dienstgruppenleiter, seinen Stellvertreter, unsere Praktikantin Steffi und mich – zu einem Streckenabschnitt hinter einem Tunnel gerufen: Dort habe es ein Zugunglück mit Personenschaden gegeben.

«Ich denke mal, ihr wisst, was das wahrscheinlich heißt?», hatte der Dienststellenleiter uns beiden Neulinge gefragt, und wir hatten geantwortet: «Hmm, ja, da liegt einer unterm Zug. Das kann ja vieles bedeuten.» Es sollte sich schnell zeigen, dass wir keinen blassen Schimmer davon gehabt hatten, was es bedeutete. Wie hätten wir auch nur annähernd ahnen können, was uns an der Unglücksstelle erwarten würde?

Schweigend fuhren wir durch die Nacht über die leeren Landstraßen. Es war stockdunkel. Kein Ort in der Nähe, nur vereinzelte Häuser, in denen kein Licht mehr brannte, keinerlei Straßenbeleuchtung, kein Mond am Himmel. Nach einer Weile sahen wir dann die flackernden blauen Lichter der Feuerwehrfahrzeuge, die am Unfallort aufgefahren waren.

Die Kollegen der Landespolizeidienststelle warteten bereits, dass wir, die Bundespolizei, uns um die Beweisaufnahme kümmerten. Wir marschierten 200 Meter über eine Rasenfläche, von der aus eine schmale Treppe hinunter in eine kleine, trichterförmige Senke führte, in der das Gleisbett aus dem Tunnel hervortrat. In diesem kleinen Tal stand der Zug; um ihn herum eine Handvoll Menschen, in kleine Gruppen verteilt. Die Feuerwehr hatte am Unglücksort Fluter zum Ausleuchten aufgestellt, was die Szenerie in ein grelles Licht tauchte und sie auf makabre Weise wie ein Filmset wirken ließ. Niemand hatte bisher irgendetwas angefasst oder verändert. Alles war noch so wie unmittelbar nach dem Unglück, das hier vor weniger als einer halben Stunde stattgefunden hatte.

Wir stiegen die schmale Treppe hinunter. Das Erste, was ich sah, war ein abgetrennter Kopf. Mir wurde eiskalt. Das eine Auge war geschlossen, das andere schaute mich direkt an. Was mich besonders irritierte, war der Eindruck von Künstlichkeit. Es sah nicht aus, als sei das alles real – vielmehr wirkte der Kopf wie ein Spezialeffekt aus dem Fernsehen. Wenn ich solche Szenen auf dem Bildschirm gesehen hatte, hatte ich sie für völligen Unsinn gehalten, fernab jeglicher realistischen Darstellung. Nun erlebte ich sie in der Realität, und sie sahen *genau so* aus.

Noch vor kurzem war dieser Kopf an einem Körper gewesen, hatte geredet, die Augen bewegt, gezwinkert, gedacht und gefühlt. Und jetzt lag er da im Gras an einer Zugstrecke und wirkte wie eine Attrappe. Ich war so geschockt, dass ich fast die Aufgabe vergaß, die der Praktikantin und mir zufiel: Wir sollten sämtliche Körperteile finden, bevor die Bestatter, die bereits unterwegs waren, sie einsammeln und mitnehmen konnten. Der arme Mann war von dem Zug buchstäblich in Stücke gerissen worden. Steffi und ich atmeten einmal tief durch und machten uns an die Arbeit.

In meiner Vorstellung ist der Mensch etwas Magisches. Ein Wesen mit einer Seele, einem einzigartigen, unverwechselbaren Charakter. Und da war ich nun an diesem Ort, an dem ein Mensch gestorben war, und nichts hier war magisch. Der Torso vor mir komplett verdreht. Der Oberschenkelknochen völlig blank. Das eine Bein abgerissen. Der Bauch aufgerissen, mit hervorquellendem Gedärm. Ich dachte nur: Das kann doch nicht wahr sein. Ein Körper, völlig seiner Würde beraubt – damit kam ich schwer zurecht.

Ich war erleichtert, als ich das Portemonnaie des Mannes im Gras fand und es nicht aus seiner Hosentasche hervorziehen musste. Ich klappte es auf. Zunächst nur die üblichen Karten, EC, Versicherungen, Krankenkasse. Aus ihnen erfuhr ich seinen Namen. Dann: Familienfotos. In diesem Augenblick traf mich wie ein weiterer Schock das Bewusstsein, dass dieser Körper ein Mensch gewesen war, der andere Menschen hinterließ.

Nach einer Weile erschienen die beiden Bestatter. Die beiden machten sich gleich ans Werk, bis sie feststellten, dass ein Arm fehlte. Praktikantin Steffi und ich sollten beim Suchen helfen. Sie hielt sich meiner Meinung nach überraschend tapfer, was aber nur Fassade war und sie alle Kraft kostete, wie sie mir später gestand. Auch die Feuerwehrleute halfen mit, aber der zweite Arm blieb verschwunden. Während wir suchten, warnten mich die Kollegen vor der herumliegenden Hirnmasse. Tatsächlich war sie überall.

Schließlich ging ich um den Zug herum, beobachtet von den Fahrgästen, die wir am Aussteigen gehindert hatten. Mein Blick fiel auf den Radkasten unterhalb des Abteils, und da sah ich ihn: den Arm. Im karierten Hemdsärmel. Sauber abgetrennt. Es war wie in einem Horrorfilm. Der Arm hatte sich im Radkasten verklemmt, sodass die Feuerwehr ihn heraushebeln musste.

Der Rest war Routine. Inzwischen war die Kripo eingetroffen und schoss Fotos, um alles zu dokumentieren. Und immer, wenn ein Körperteil abfotografiert war, wurde er zur Seite gelegt. Ich werde diesen Moment nie vergessen, als nur noch der Kopf übrig war, einer der Bestatter darauf zeigte und fragte: «Braucht ihr den noch?» Und als der Kripobeamte antwortete: «Nein», hob der Bestatter ihn hoch. Das Gesicht des Toten fiel in sich zusammen, und das Innere des Kopfes fiel durch den Hals heraus auf den Boden.

Seit diesem Tag habe ich meine Arbeitsschuhe nach Feierabend immer schon zwei Meter vor der heimischen Haustür ausgezogen, damit weder meine Frau noch mein Sohn je Gefahr liefen, mit ihnen in Kontakt zu kommen. Obwohl ich sie nach dem Einsatz saubergemacht hatte, blieben sie für mich kontaminiert.

Auf dem Rückweg zu unserem Bus schaute der Dienstgruppenleiter Steffi an und fragte: «Und? Bei dir alles okay?» Steffi bestätigte zögernd: «Ja, alles okay», worauf er sich mir zuwandte und eher feststellte als fragte: «Alles jut, oder? Ist doch okay?» Ich nickte, weil ich spürte, dass er das von mir erwartete. Ich war kein Praktikant wie Steffi, ich war ausgebildeter Polizist und musste mit solchen Dingen klarkommen.

Das gelang mir in den darauffolgenden Tagen allerdings nicht ganz so leicht. Ich hatte so sehr mit dem Erlebten zu kämpfen, dass ich eine Woche lang über fast nichts anderes reden konnte. Und den Leichengeruch sollte ich nie wieder vergessen.

Ich bin mir darüber im Klaren, dass das, was ich erlebt hatte, für viele Notärzte und Sanitäter zum Berufsalltag gehört. Und sicherlich hatte auch ich tief im Innern damit gerechnet, als Polizist über kurz oder lang einmal mit einer Leiche konfrontiert zu werden. Worauf ich allerdings nicht vorbereitet gewesen war, war der verheerende Grad der Verstümmelung.

Die Verarbeitung des Erlebten wurde nicht gerade erleichtert durch die unausgesprochene Übereinkunft unter den Polizisten, sich angesichts solcher Todesfälle betont abgeklärt, ja sogar kaltschnäuzig zu geben. Die Kollegen, bei denen ich das Thema ansprach, äußerten sich jedenfalls alle auf etwa dieselbe Weise: Man dürfe einfach nicht daran denken, dass das einmal ein Mensch gewesen sei, der da vor einem liege. Man solle solche Leichen eher betrachten wie eine «Fleischauslage». Ein Versuch, das Grauen zu bewältigen, indem man es nach Kräften versachlicht.

Extremsituationen wie diese lassen sich im Polizeidienst nicht vermeiden. Doch die Tatsache, dass man mit ihren psychischen Folgen weitgehend allein fertigwerden muss, wird im polizeilichen Umfeld viel zu oft vernachlässigt. Von der Existenz eines Polizeipsychologen wussten meine Kollegen und ich nämlich bestenfalls vom Hörensagen. Ich kenne niemanden, der ihn in Anspruch genommen hätte. Es kann natürlich sein, dass man diesen Besuch lieber verheimlichen wollte. Mir selbst fehlte im Alltagsbetrieb schlichtweg die Zeit, zu sehr war ich auf reibungsloses Funktionieren konzentriert und sah keine Möglichkeiten, mich mit den eigenen Belastungsgrenzen zu beschäftigen. Die Frage, was das Erlebte mit einem macht und wie es einen verändert, fällt daher allzu oft unter den Tisch. Stattdessen gilt in vielen Dienststellen eine Durchhalte-Ethik. Das hat sicherlich auch mit dem männlich geprägten Milieu im Polizeidienst zu tun: Psychische Konflikte werden eher abgetan, «echte Männer» machen «so etwas» mit sich selbst aus. Niemand will vor den Kollegen als «Weichei» dastehen, das mit dem Erlebten nicht klarkommt. Es bleibt zu hoffen, dass der zunehmende Anteil an Frauen in den Reihen der Bundespolizei hier in Zukunft eine Veränderung der Kommunikationskultur bewirkt. Denn nicht immer ist Verdrängung die richtige Antwort bei der Verarbeitung menschlicher Tragödien, deren Zeuge oder Zeugin man geworden ist.

Eine Exkollegin erzählte mir von einem Fall, in den sie als Polizistin direkt verwickelt war und der sie lange Zeit nicht losgelassen hatte. Es ging dabei um einen Jungen, der im Bahnhof von einem Zug erfasst und getötet worden war und dessen Eltern sie nicht über sein Schicksal aufklären durfte, als sie sie am Bahnhof ausfindig machte: Nur die Kriminalpolizei ist dazu befugt, den Hinterbliebenen die Nachricht vom Tod eines Angehörigen zu überbringen. Die Anspannung bis zu deren Eintreffen war für Franziska schier unerträglich, und die Schmerzensschreie der verzweifelten Mutter, als sie vom Tod ihres Sohnes erfahren hatte, erreichten die Polizistin noch, als sie längst außer Sichtweite war.

Tags darauf kollabierte sie bei einem Routineeinsatz am Rande eines Fußballspiels.

Von ihren Vorgesetzten kam auch in diesem Fall keinerlei Unterstützung oder das Angebot, professionelle Hilfe in Anspruch zu nehmen. Ein Beamter, eine Beamtin, der oder die zusammenbricht – so etwas darf es nicht geben, und darum wird es ignoriert. Wie oft solche Zusammenbrüche trotzdem vorkommen und wie viele Zusammenbrüche sich davon in den eigenen vier Wänden abspielen, davon erfährt man nichts. Und das ist, wie mir scheint, durchaus so gewollt. Die Erwartung des Dienstherrn an die Polizisten ist klar: Man hat zu funktionieren. «Lappalien» wie psychische Belastungen und Überstunden hat man wegzustecken. Das ist das Opfer, das man für die Vorzüge und lebenslange Sicherheit im Beamtenstatus zu bringen hat.

Dennoch finde ich es essenziell, den strikten Sparkurs zu verlassen, um den Polizisten zu zeigen, dass man den Wert ihres Einsatzes schätzt. Wie es die Strohmeier-Studie ganz richtig feststellte: Diese Wertschätzung muss sich zwar auch in einer angemessenen Entlohnung ausdrücken, die die Sonderbelastungen bei Schichtdienst und Ferneinsätzen berücksichtigt, aber es ist ebenso wichtig, den Polizisten zu vermittelt, dass man sich um ihr persönliches Wohlergehen sorgt und ihnen psychologische Hilfe zur Verfügung stellt, wenn sie notwendig ist.

Solange die Polizisten das Gefühl haben müssen, zur Manövriermasse einer verfehlten Personal- und Haushaltspolitik zu werden, die wenig mehr tut, als das größte aller Personallöcher im öffentlichen Dienst zu verwalten, so lange werden noch viele weitere Beamte chronisch krank werden oder ein Burnout-Syndrom entwickeln – einfach weil bei ihnen Körper und Seele sagen: «Ich mach den Scheiß nicht mehr mit!»

Und nun? Ein Nachwort

Die Idee zu diesem Buch nahm Gestalt an, als ich in der Folge der Ereignisse am Kölner Hauptbahnhof anfing, grundsätzlich über die Situation der Polizei in Deutschland nachzudenken – darüber, wie sie wahrgenommen wird und mit welchen chronischen Problemen sie zu kämpfen hat, die der Öffentlichkeit meist weitgehend verborgen bleiben. Die Silvesternacht, die Flüchtlingskrise hat den Blick geschärft für diejenigen Dinge, die meiner Ansicht nach seit Jahren bei der Polizei im Argen liegen: Es gibt zu wenig Polizisten, eine ungenügende Ausrüstung, eine Ausbildung, die dringend einer Modernisierung bedarf, ein veraltetes nationales Terrorkonzept, Fehlentscheidungen und oft genug mangelnde Rückendeckung durch die Politik. Dabei wäre gerade jetzt der Zeitpunkt gekommen, um die Weichen für die Zukunft zu stellen und den gewaltigen Aufgaben, vor denen wir als Gesellschaft stehen, auch auf der Ebene der inneren Sicherheit mit schlüssigen Konzepten begegnen zu können.

Deutschland ist mit seiner Flüchtlingspolitik mittlerweile fast so etwas wie ein Außenseiter in Europa geworden. Niemand hat sich mit ihm solidarisch erklärt und war bereit, an einer gerechten Verteilung der Lasten teilzuhaben. Im Gegenteil: Angesichts der massenhaften Übergriffe der Silvesternacht sahen sich die osteuropäischen Staaten in ihrer harten Haltung in der Flüchtlingskrise bestätigt. Allerorts werden auch hierzulande mittlerweile Stimmen lauter, die die deutsche Willkommenskultur in Frage stellen. Und sie finden sich nicht alleine am rechten Rand des politischen Spektrums. Angela Merkels Flüchtlingspolitik spaltet das Land, ihre eigene Partei und die Regierungskoalition. Ressentiments gegen Migranten wurden plötzlich salonfähig.

Als ich anfing, dieses Buch zu schreiben, beschäftigten die Menschen immer noch der Schock dieser Silvesternacht und die Frage, welche Schlüsse daraus zu ziehen seien. Inzwischen kamen weitere, noch schrecklichere Ereignisse hinzu: Der erste Selbstmordanschlag in Deutschland am 24. Juli 2016 in Ansbach bildete den traurigen Höhepunkt einer Reihe von Taten, die sich alle innerhalb weniger Tage im Süden der Republik abgespielt hatten.

Aber was soll die Konsequenz aus alldem sein? Sollen wir einfach die Grenzen dichtmachen? Die Verzweifelten, die auf der Flucht vor Krieg und Verfolgung sind, vor den Toren Europas in Elendslagern vegetieren oder weiterhin zu Tausenden im Mittelmeer ertrinken lassen? Sollen sie den Preis für den Fanatismus und die Menschenverachtung einiger weniger bezahlen, deren Anstifter von Terrororganisationen wie dem IS genau das beabsichtigen – das Miteinander von Muslimen und Nicht-Muslimen auf irreparable Weise zu zerstören? Wenn wir diese Hilfesuchenden abweisen und ihrem Schicksal überlassen – spielen wir dann nicht genau der Sache der Terroristen in die Hände?

Die Antwort kann nur lauten: Wir müssen denen helfen, die Hilfe benötigen, und wir sollten uns davor hüten, unsere Menschlichkeit im Umgang mit ihnen zu verlieren, auch wenn die Integration so vieler Flüchtlinge uns vor große organisatorische und gesellschaftliche Herausforderungen stellt.

Denn auch eine restriktive Aufnahme von Flüchtlingen ist keine Garantie für mehr Sicherheit. Das zeigen die Attentäter, die für zwei der bislang verheerendsten Terroranschläge des Jahres 2016 verantwortlich sind: Omar Mateen, der Mann, der in dem Nachtklub in Orlando / Florida 49 Menschen tötete und weitere 53 verletzte, war ein Sohn afghanischer Einwanderer, geboren in den USA. Er war zwar vorübergehend im Fokus der Ermittlungsbehörden gewesen, dann aber als ungefährlich eingestuft worden. Mateen, von dem unklar blieb, ob er aus islamistischen Motiven oder aus Hass auf Homosexuelle mordete, war kein Flüchtling.

Der Attentäter von Nizza, Mohamed Lahouaiej-Bouhlel, der am 14. Juli 2016 mit einem Lastwagen 86 Menschen bei den Feiern zum französischen Nationalfeiertag tötete und 307 verletzte, stammte zwar aus Tunesien, lebte aber seit Jahren in Frankreich. Auch er war kein Flüchtling – und kein strenggläubiger Muslim, er trank Alkohol und nahm Drogen.

Es wird Zeit, sich klar gegenüber dem Terrorismus zu positionieren und Antworten auf die damit verbundenen akuten Probleme zu finden. Mehr denn je haben die Menschen in der heutigen Situation ein Recht darauf, von ihrem Staat Schutz und Sicherheit einzufordern. Dabei muss immer wieder über das fragile Verhältnis zwischen individueller Freiheit, wie sie unsere Demokratie garantiert, und den Erfordernissen einer effektiven Sicherheitspolitik diskutiert werden.

Gerade das fehlende Bekenntnis der politisch Verantwortlichen zur Polizei und ihrer Arbeit ist ein Punkt, der von Kollegen immer wieder als belastend empfunden wird. Die Kastanien aus dem Feuer holen dürfen sie – aber wehe, es gilt, unbequeme oder vielleicht auch strittige Aktionen öffentlich zu diskutieren. Ich denke da z. B. an die Reaktion von Renate Künast, nachdem am 18. Juli 2016 ein Flüchtling aus Afghanistan Reisende in einem Regionalzug bei Würzburg lebensgefährlich mit einer Axt verletzt hatte und im Anschluss von der Polizei gestellt wurde. Bei der Festnahme griff der junge Mann, der sich vor der Tat zum IS bekannt hatte, die Polizisten ebenfalls mit der Axt an und wurde daraufhin erschossen.

Renate Künast twitterte: «Tragisch, und wir hoffen für die Verletzten. Wieso konnte der Angreifer nicht angriffsunfähig geschossen werden???? Fragen! #Würzburg @SZ»

Dass eine solche gezielte Tötung für die Polizei immer nur das allerletzte Mittel der Wahl ist, sollte jedem klar sein. Und dass diese Entscheidung für den Polizisten, der den Schuss abgegeben hat, keine einfache war und ihn im Zweifelsfall noch sein Leben lang begleitet, ebenfalls. Gerade deshalb sollte man sich als Politikerin einen Moment des Nachdenkens gönnen, bevor man per 140-Zeichen-Tweet ein solches Statement abgibt.

Was ich fordere, ist keineswegs eine unkritische Haltung gegenüber der Exekutive. Wo Fehler gemacht werden, soll man diese auch benennen. Was aber viele Polizisten frustriert und demotiviert, ist das Gefühl, von vielen Politikern grundsätzlich keinen Rückhalt zu erfahren und unter Generalverdacht gestellt zu werden. Lobende Worte über ihre Einsatzbereitschaft – oftmals Fehlanzeige. Ein klares Bekenntnis aller Parteien zu einer funktionstüchtigen Polizei kann nur ein erster Schritt sein.

Eine weitere drängende Frage lautet: Wo gibt es Ansatzpunkte, um in Zukunft speziell der Gefahr des Terrors wirkungsvoll zu begegnen? Denn diese Bedrohung gänzlich zu bannen wird – realistisch betrachtet – auch in absehbarer Zukunft kaum möglich sein.

Blicken wir in die Vergangenheit, so gab es schon einmal einen Zeitpunkt, als eine Katastrophe Entscheidendes in der deutschen Politik in Gang setzte: Die Gründung der Antiterroreinheit Grenzschutzgruppe 9 – besser bekannt unter ihrem Kürzel GSG 9 – war der Tatsache geschuldet, dass das Fehlen einer schlagkräftigen, professionellen Einsatztruppe bei den Olympischen Spielen 1972 in München in eine Katastrophe geführt hatte. Damals endete die Geiselnahme der palästinensischen Terrororganisation «Schwarzer September», die elf israelische Athleten in ihrer Gewalt hatte, in einem Blutbad auf dem Flughafen Fürstenfeldbruck. Verantwortlich dafür war eine völlig missglückte Befreiungsaktion der Münchner Polizei gewesen, die offenbarte, dass die Sicherheitskräfte unzureichend ausgebildet, ausgerüstet und generell von der Situation überfordert gewesen waren. Diese Tragödie, bei der alle neun Geiseln, die bis dahin überlebt hatten, sowie ein Polizist ums Leben kamen, wurde zu einem Weckruf für die deutsche Politik, die hier erstmals mit dem Phänomen des internationalen Terrorismus konfrontiert war. Die Gründung einer Spezialeinheit, die künftigen Fällen dieser Größenordnung gewachsen sein sollte, war noch im selben Jahr die logische Konsequenz, deren Weitsicht sich spätestens im Jahr 1977 mit der erfolgreichen Befreiung einer entführten Lufthansa-Maschine in Mogadischu durch die GSG 9 erweisen sollte. Eine ähnliche Weitsicht im Angesicht einer neuen Dimension von Bedrohungen würde ich mir auch von unseren heutigen Politikern wünschen.

Unter den gegenwärtigen Umständen, in denen wir Gefahr laufen, die Kontrolle über terroristische Bedrohungen zu verlieren, die zunehmend auch aus der Mitte unserer Gesellschaft kommen, scheint es mir an der Zeit, wegzukommen von dem geradezu suizidalen Sparkurs, der die Sicherheitsbehörden in Deutschland mehr und mehr lähmt, und ihnen stattdessen endlich finanziell und organisatorisch den Rücken zu stärken. Darüber hinaus denke ich, dass es notwendig ist, neue Institutionen und Spezialeinheiten zu gründen, die dem «neuen Terror» entschlossen entgegentreten können. In Zeiten, in denen das Internet die grundlegende Infrastruktur für terroristische Gewalttaten liefert – von der Radikalisierung der Täter und ihrer Rekrutierung bis hin zur Planung und zur Kommunikation mit Hintermännern und Finanziers –, müssen Ermittler und Einsatzkräfte auf der Höhe der Zeit und auf Augenhöhe mit ihren Gegnern agieren können. Dazu sollte nicht nur in die entsprechende technische Ausstattung investiert werden, sondern es müssen auch Experten angeworben werden, die wissen, wie man sich im Darknet bewegt, und die die nötige Kompetenz für das Hacken von E-Mail- und Social-Media-Accounts oder geschlossenen Foren haben, in denen Anschläge verabredet und geplant werden. Kein Extremist sollte sich noch sicher fühlen können, wenn er online seine Gesinnungsgenossen kontaktiert. Anders gesagt: Das, was die Hacker von «Anonymous» oder «LulzSec» können und konnten, müsste auch eine hochspezialisierte Sondereinheit der Polizei können. Was wir brauchen, ist eine «GSG 9» für den Cyberspace.

Die Unvorhersagbarkeit von Attentaten wie die von Würzburg oder Ansbach, diese bisher in Deutschland unbekannte Qualität eines sogenannten Low-Profile-Terrorismus, bei dem Einzeltäter mit einfachsten Mitteln und ohne großen logistischen Aufwand quasi spontan losschlagen, stellt die Ermittlungsarbeit, aber auch die Prävention vor neue Herausforderungen. Terroristische Täter handeln mittlerweile auch hierzulande auf eigene Faust, radikalisieren sich innerhalb von wenigen Monaten oder gar Wochen und sind für Ermittler so gut wie unsichtbar, da sie oft über keinerlei Vorstrafen oder vorangegangene Kontakte zu Terrororganisationen verfügen. In vielen Fällen, wie dem des Würzburg-Attentäters, ist die Grenze zu einem Amoktäter, der sich der Insignien des IS nur bedient, um seine sinnlos-destruktiven Taten in einen höheren Zusammenhang zu stellen, fließend.

Wie sollen wir dieser neuen Form von Bedrohung begegnen? Auf der einen Seite scheint mir die Lösung sehr einfach, ich habe sie schon mehrfach in diesem Buch angesprochen: Viel hilft viel. Mehr Polizisten, mehr Planstellen für hochspezialisierte Experten, besseres Equipment. Wenn ein Terrorist plant, im Kölner Hauptbahnhof eine Bombe zu platzieren, dann muss die Umsetzung dieses Vorhabens aufgrund der schieren Präsenz von Beamten vor Ort und der strengen Sicherheitsmaßnahmen so schwierig werden, dass er seinen Plan aufgeben muss oder beim Versuch auffliegt. Wenn ein fanatischer Einzeltäter vorhat, sich in die Luft zu sprengen und unzählige unschuldige Menschen mit in den Tod zu reißen oder schwer zu verletzen, dann muss er zu einem möglichst frühen Zeitpunkt ausfindig gemacht und gestoppt werden. In Köln scheint das unlängst gelungen: Ein 16-jähriger mutmaßlicher Sprengstoffattentäter aus Syrien, der sich innerhalb kürzester Zeit radikalisiert hatte, wurde im September 2016 in einer Flüchtlingsunterkunft festgenommen, kurz nachdem er in einem Chat mit einem Rekrutierer des IS einen Anschlag erörtert hatte. Ausschlaggebend für die erfolgreiche Festnahme waren übrigens Gemeindemitglieder einer Kölner Moschee, die die Polizei über ihren Verdacht informiert hatten.[1] Auch der mutmaßliche Sprengstoffattentäter Jaber Al-Bakr wurde Anfang Oktober 2016, nachdem er bei einer Razzia aus einem Wohnhaus in Chemnitz entkommen war, wenige Tage später von drei seiner syrischen Landsleute überwältigt und an die Polizei ausgeliefert. Hier kommen wir zu einem wichtigen Aspekt bei der Bekämpfung des islamistischen Extremismus: Die enge, vertrauensbildende Zusammenarbeit mit muslimischen Institutionen und Mitbürgern ist dabei von zentraler Bedeutung. Wir brauchen ihre Hilfe, um mit ihnen Schulter an Schulter gegen eine Bedrohung zu kämpfen, die uns alle gemeinsam betrifft.

Darüber hinaus muss die Einsatzbereitschaft der Polizeikräfte sichergestellt sein. Das bedeutet, dass diese ständig im Training sein und im Ernstfall sofortigen Zugriff auf das notwendige Equipment haben müssen. Dazu gehören sogenannte Führungseinsatzmittel zur Bekämpfung und Eindämmung terroristischer Ausnahmezustände wie Schutzwesten für Großkaliber, Schutzhelme, eine entsprechende Bewaffnung und Einsatzmittel wie z. B. Tränengasgranaten. Für die Gefahrenabwehr im Vorfeld eines Anschlags brauchen wir den vermehrten Einsatz von Sprengstoffspürhunden und eine Kameraüberwachung, die technologisch auf der Höhe der Zeit ist – anstelle von völlig überholten Videoanlagen, die man in Ermangelung besserer Alternativen am Leben erhält. Ja: Das alles kostet Geld. Geld für moderne Führungs- und Einsatzmittel, Geld für zusätzliche Schulungen und regelmäßige Ausbildungen von Einsatzkräften. Geld jedoch, das gut angelegt ist, weil es hilft, Verbrechen in Deutschland zu verhindern. Und ich bin mir sicher, dass es keinen Mangel an Beamten gebe würde, die sich freiwillig für eine solche Fortbildung melden würden. Wer bei der Bundespolizei Dienst tut – und das gilt mit Sicherheit auch für die Landespolizisten –, der ist im Herzen ein Idealist. Vielleicht sollte die Politik diese Bereitschaft zur Aufopferung ernst bzw. überhaupt zur Kenntnis nehmen und ihr mit eigenen Zugeständnissen entgegenkommen. Vielen Polizisten macht der Gedanke schwer zu schaffen, für den Ernstfall nicht ausreichend vorbereitet zu sein. Nicht zuletzt deshalb würden sie sich mit Feuereifer auf entsprechende Angebote stürzen.

Ich fordere nichts weniger als eine Revolution der Polizeibehörden in diesem Land. Wir haben angesichts der enormen Aufgaben, vor denen wir stehen, keine Zeit zu verlieren. Eine eigene Task Force, eine unabhängige Fahndungseinheit für die

Abwehr terroristischer Bedrohungen, sollte beim Amt für Verfassungsschutz besser heute als morgen ins Leben gerufen werden. Wenn man das verlorene Vertrauen der Bürger wiedergewinnen möchte, muss man beispielhaft vorangehen und zeigen, dass wir als EU-Mitglied nicht nur monetäre Rettungsschirme für andere Länder aufspannen, sondern auch den Bedrohungen im eigenen Land entschlossen entgegentreten können – gleichgültig, ob es sich um fremdenfeindliche Mordserien wie die des NSU handelt, bei denen die Ermittlungsbehörden sich ein jahrelanges Versagen verheerenden Ausmaßes eingestehen mussten, oder um den islamistischen Selbstmordattentäter von Ansbach, den im Vorfeld keiner der Fahnder auf dem Schirm hatte.

Was man jedoch bei der Forderung nach mehr Polizeikräften nicht vergessen darf: Wir können nicht jeden potenziellen Straf- oder Attentäter dauerhaft einzeln überwachen. Und das kann auch nicht das Ziel sein. Es stellt sich vielmehr die Frage, wie man Menschen, die tickende Zeitbomben sind, ausfindig machen und im Auge behalten kann, ohne in die Grundrechte des Einzelnen einzugreifen.

Häufig erfährt man erst im Nachhinein, dass die Täter im Zusammenhang mit radikalen Ideologien oder Straftaten den Behörden aufgefallen waren. Deshalb ist es unabdingbar, Kontakt zu den Menschen aufzubauen, die zu uns kommen, um herauszufinden, mit wem wir es zu tun haben.[2] Ich sehe das als unsere Pflicht an. Zum einen, um denen zu helfen, die einen Platz in unserer Gesellschaft suchen, aber auch um zu verhindern, dass sich einige von ihnen in die soziale Isolation begeben, in der die Pläne zu solchen Wahnsinnstaten überhaupt erst entstehen können. Vielleicht wäre man bei engerem Kontakt mit dem 17-jährigen Attentäter aus Afghanistan, der bei Würzburg losschlug, auf die IS-Flagge in seinem Zimmer aufmerksam geworden und hätte so seine Fehlentwicklung erkennen können. Wie ich bereits ausgeführt habe: Es kann nicht sein, dass zwischen der Registrierung der Ankömmlinge und ihrer Aufnahme im Asylbewerberheim eine zeitliche Grauzone besteht, die ein Untertauchen ermöglicht.

Ich bin der Überzeugung, dass jeder das Recht haben sollte, sich ohne Ansicht seiner Herkunft, seines Geschlechts, seines Glaubens oder seiner sexuellen Orientierung frei zu entfalten, ohne Restriktionen erleiden zu müssen. Die Flüchtlinge sind in ihrer überwiegenden Mehrzahl keine Islamisten, auch wenn rechte Populisten immer wieder versuchen, diesen Anschein zu erwecken und damit erschreckend viel Erfolg haben. Gleichzeitig darf man nicht die Augen davor verschließen, dass der islamistische Terror sich in allen Ländern des Nahen Ostens – und nicht nur dort – ausbreitet und man nie ausschließen kann, dass mit den Menschen, die von dort zu uns kommen, ein kleiner Prozentsatz von möglichen Gefährdern mit einreist. Und man muss sich mit der Tatsache beschäftigen, dass wir es bei den Flüchtlingen nicht ausschließlich mit akademisch gebildeten, kultivierten Familien zu tun haben, sondern auch mit jungen, ungebildeten Männern unter 30, die statistisch gesehen eine überdurchschnittlich hohe Neigung zu Straftaten aufweisen.

Diese Fakten müssen offen angesprochen werden. Es wurde oft darauf hingewiesen, dass Terroristen nicht auf den beschwerlichen Weg über die Flüchtlingsrouten angewiesen sind. Aber sie nutzen sie durchaus.

Ich würde es begrüßen, wenn unsere Regierung diese Sorgen ernst nimmt und wir nicht irgendwann erkennen müssen, dass wir vor einem Problem stehen, auf das wir uns nicht richtig vorbereitet haben, als wir noch die Zeit dazu hatten.

Es ist wichtig, dass wir in Anbetracht der besorgniserregenden Entwicklungen, denen wir uns gegenübersehen, trotzdem nicht den Mut verlieren und uns nicht durch Angst lähmen oder in unseren Möglichkeiten als Menschen einschränken lassen. Denn ich glaube, dass wir als Bürger, unabhängig von der Herkunft, ein unglaubliches Potenzial im gemeinsamen Kampf gegen den Terror haben.

Als der 18-jährige David Sonboly am 22. Juli 2016 in München seinen Amoklauf startete, bei dem er neun Menschen erschoss und vier verletzte und bei dem zunächst unklar war, ob es sich um einen Terroranschlag handelte, schrieb ich den folgenden Post auf meiner Facebook-Seite. Ich möchte ihn hier in Teilen zitieren, denn was ich damals im Augenblick unmittelbarer Betroffenheit schrieb, umfasst vieles, was ich auch mit diesem Buch zum Ausdruck bringen möchte:

«Ich habe gestern meinen Sohn lange und fest gedrückt. Ich bin, seitdem ich die Nachrichten gehört habe, einfach nur entsetzt und niedergeschlagen. Den ganzen Tag habe ich überlegt, ob ich überhaupt etwas schreiben soll und, wenn ja, was. Ich bin zu dem Schluss gekommen, dass ich es nicht weiß. Ich habe keine Antwort. Es tut mir einfach nur schrecklich leid für die Opfer und ihre Angehörigen. Es tut mir leid für alle Opfer des Terrors. In München und weltweit. Die Zeiten haben sich geändert, und wir wissen nicht genau, wie es weitergeht. Eines aber weiß ich: Ich will meinen Glauben an die Menschlichkeit nicht verlieren. Und ich möchte eine Warnung an diejenigen aussprechen, welche die Menschlichkeit durch Zwietracht und Terror zerstören wollen. Die Zivilisation, in der ihr euch befindet und die ihr so hinterlistig zu zerstören versucht, mag euch schwach erscheinen, aber das ist falsch. Der eigentliche Grund, diesen Text zu schreiben, ist der Stolz, den ich für meine Mitmenschen nach dieser schrecklichen Tat empfinde. Ich habe gesehen, wie Menschen, egal welcher Kultur, in Deutschland Schulter an Schulter gestanden haben.

Ich habe gesehen, wie ein Großaufgebot der Rettungskräfte und der Polizei in München alles gegeben hat, während in den sozialen Netzwerken Warnmeldungen auf Deutsch, Englisch, Französisch und Türkisch gepostet wurden.

Ich habe auch gesehen, wie Menschen im Internet angeboten haben, Fremde aus der Gefahrenzone abzuholen, und wie Moscheen in der Nacht offen geblieben sind, um Hilfesuchenden Schutz zu bieten.

Die Rechnung des Terrors wird nicht aufgehen.

Meine Gedanken und Gebete sind bei den Opfern und ihren Angehörigen, und ich hoffe, dass wir einen Weg finden.

Ich glaube an euch!»

In München waren die Sicherheitskräfte schnell zur Stelle und haben getan, was sie konnten, um weitere Opfer des Amokläufers zu verhindern, der sich zuletzt, als ihn die Beamten stellten, selbst erschoss. Hoffen wir, dass wir den nächsten Täter vielleicht schon zu dem Zeitpunkt stoppen können, wenn er versucht, sich im Darknet mit Waffen zu versorgen.

Ich denke, wir haben in Deutschland eine Polizei, auf die wir uns verlassen können. Was ich damals mit meinem Post und was ich mit diesem Buch zum Ausdruck bringen wollte, ist meine Überzeugung, dass es nicht an den einzelnen Polizisten liegt, wenn wir über Missstände bei den Polizeibehörden reden. Es liegt fast immer an den Rahmenbedingungen, die von der Politik vorgegeben werden. Deshalb möchte ich mich noch einmal an unsere Volksvertreter richten, die Einfluss auf die Gestaltung der Haushalte in Bund und Ländern haben und die finanzielle Ausstattung unserer Behörden mitverantworten – und damit ganz explizit auch an unsere Regierung.

Wir sollten uns darüber im Klaren sein, was unser Land zu einem so fortschrittlichen, friedlichen und für Menschen weltweit attraktiven Land macht. Es sind unsere Kultur, unsere Werte und die Grundrechte und Gesetze, auf deren Basis unsere Freiheit und unser Wohlstand beruhen. Wer jedoch dem weltfremden und überheblichen Glauben zuneigt, dass das selbstverständlich ist und immer so bleiben wird und dass wir z. B. aufgrund unserer historischen Erfahrung mit dem Nationalsozialismus für immer immun für die Versuchungen des Totalitarismus sind, der sollte die Augen öffnen und sich genauer umsehen im aktuellen Weltgeschehen. Niemals seit Ende des 2. Weltkriegs hatten wir eine solche Anzahl von Autokraten und Demagogen, die Regierungen lenken oder maßgeblich die politische Diskussion in ihren Ländern mitbestimmten – auch in Ländern, in denen wir Demokratie und Rechtsstaatlichkeit schon fest verankert wähnten. Was macht uns so sicher, dass nicht auch hier die Verhältnisse irgendwann umschlagen werden? Dabei müssen wir gar nicht die internationale Bühne zum Vergleich heranziehen. Denn das subjektive Sicherheitsgefühl schwindet bei Teilen der Bevölkerung, und es bildet sich ein Protestwählerpotenzial, das befeuert wird durch Zukunftsangst und Desillusionierung und das schließlich rechtsextremen Populisten Wahlerfolge beschert.

Mein Appell an unsere Volksvertreter lautet daher: Stärkt eure Exekutive! Das beste Mittel gegen Extremismus besteht darin, den Bürgern das Gefühl zu geben, dass auf die Wahrung von Recht und Ordnung Verlass ist, dass sie den verantwortlichen Politikern vertrauen können und nicht mit Halbwahrheiten, Lippenbekenntnissen und Lavieren abgespeist werden.

Ich gehöre zu den unverbesserlichen Optimisten, für die das Glas immer eher halb voll als halb leer ist. Deshalb möchte ich mich an dieser Stelle an alle Leser wenden: Selbst wenn die Zukunft derzeit manchmal nicht gerade rosig aussieht, sollten wir nie vergessen, dass wir es sind, die sie mitgestalten können.

Zu resignieren und sich trotzig jeglicher aktiven Teilnahme zu verweigern ist manchmal einfach nur die bequemste Lösung, bei der man sich zwar in der Haltung des Rebellen gefallen mag, der «nicht mehr mitmacht», weil «die da oben» ja doch nicht auf ihn hören. Ich aber hoffe, dass sie eine andere Haltung einnehmen. Ich hoffe, dass viele Leser über dieses Buch diskutieren werden, am Abendbrottisch, bei der Arbeit – am besten aber an Orten, wo tatsächlich über konkrete Veränderungen gestritten und entschieden wird. Beteiligt euch, mischt euch ein! Jede Diskussion, jeder Kommentar, jedes Wort können helfen, um Bewegung in die Verhältnisse zu bringen. Jetzt ist die Zeit, die Missstände öffentlich zu diskutieren. Denn so, wie es ist, kann und darf es nicht bleiben. Wir haben es in der Hand. Wer hat etwas zu sagen?

Epilog: An die Kollegen

Ich habe es geliebt, Polizist zu sein. Die Verantwortung, die Abwechslung, das Gefühl, für andere da sein, ihnen helfen zu können, für Sicherheit zu sorgen, die Gemeinschaft unter den Kollegen, in der man sich wie in einer Familie füreinander gerademacht.

Ja, besonders auch diese kollegiale Solidarität, die nicht immer und auch nicht bei allen, aber doch in sehr vielen Momenten zum Vorschein kam: An Tagen, an denen du (gefühlt) mitten in der Nacht aufgestanden bist, um mit deinen Kollegen einen Sondereinsatz zu fahren.

Wenn du mit zerknautschtem Gesicht in den Aufenthaltsraum gekommen bist und ein fürsorglicher Kollege schon den lebensrettenden Kaffee gemacht hatte.

Wenn du gemeinsam aufgerüstet hast und noch vor dem ersten Streifengang von dem Kollegen mit den guten Witzen auf Temperatur gebracht wurdest und alle in lautes Gelächter ausgebrochen sind.

Wenn du gemeinsam im Bulli mit deinen Kollegen in den Sitzreihen zusammengequetscht saßt und mit Blaulicht durch die Stadt gedonnert bist, um am Ziel die Schiebetür aufzureißen und Seite an Seite mit den Kollegen eine Schlägerei zu schlichten.

Wenn du dir beim Anblick Hunderter aggressiver Fußballfans manchmal fast in die Hose gemacht hast, um dann die entschlossenen Gesichter deiner Kollegen zu sehen, die über sich hinauswuchsen und dich dadurch ansteckten.

Wenn eine Situation fast aus dem Ruder gelaufen ist, weil du und deine Kollegen in der Unterzahl wart – und dann wie aus dem Nichts die Kollegen um die Ecke biegen, um euch den Arsch zu retten.

Ich habe die zwischenmenschlichen Begegnungen mit den Passanten und Reisenden genossen, die mich noch Tage beflügelt haben, weil sie mir ihre Dankbarkeit für meine Arbeit zum Ausdruck gebracht haben.

Und die Tage, an denen ich hundemüde nach Dienstschluss zum Auto geschlurft bin und an einer Gruppe Kinder vorbeikam, die mir mit genau dem gleichen begeisterten Funkeln in den Augen hinterherschauten, das ich als Kind hatte, wenn ein Polizist an mir vorbeiging.

Ich war gerne Polizist, und wenn ich nochmal 19 Jahre alt wäre und einen leeren Bewerbungsbogen in die Hand gedrückt bekommen würde, ich würde ihn wieder an die Bundespolizei schicken. Mein Weg war ein anderer.

Ich möchte euch, liebe Kollegen, bitten, euren Mut nicht zu verlieren. Ihr seid die Instanz, die sich an vorderster Front dem Unrecht und der Gefahr stellt, die unsere Gesellschaft und unsere freiheitliche Demokratie und Rechtsordnung bedrohen.

Die meisten von euch sind als Idealisten zu diesem Beruf gekommen und mussten sich einer ernüchternden Realität stellen, die durch mangelnden Rückhalt vom Staat, eine sich ständig verschlechternde Arbeitssituation und von so mancher vorschnellen Kritik an eurer Arbeit geprägt ist.

Aber ich weiß, dass es eine schweigende Mehrheit von Bürgern gibt, die euch für eure Arbeit dankbar ist, und bitte euch durchzuhalten. Ich bin fest davon überzeugt, dass sich die Dinge zum Besseren ändern werden. Ich selbst werde jedenfalls meine Stimme dazu nutzen, um auf die Missstände bei der Polizei aufmerksam zu machen – gegenwärtige wie künftige.

Anmerkungen

Vorwort – warum ich dieses Buch schreibe

1 Name geändert
2 Name geändert
3 Kölner Stadtanzeiger (KStA), 24.09.2016 – www.ksta.de/koeln/koelner-silvesternacht-neue-ermittlungen-gegen-300-tatverdaechtige-24798718 (Zugriff am 11.10.2016)
4 Im Verlaufe der Ermittlungen kamen zwar auch 21 deutsche Staatsangehörige ins Visier der Strafverfolgung; allerdings zählen sie nicht zu den unmittelbar Beteiligten der Silvesternacht, sondern sollen sich in deren Folge mit Delikten wie Hehlerei strafbar gemacht haben. KStA, 24.09.2016, a.a.O.

Polizist werden – Anspruch trifft auf Wirklichkeit

1 Neue Osnabrücker Zeitung, 15.06.2016. – www.noz.de/deutschland-welt/politik/artikel/729022/hohere-strafen-fur-attacken-auf-polizei-bleiben-umstritten#gallery&0&0&729022
2 Name geändert
3 www.dejure.org/gesetze/StGB/52.html und dejure.org/gesetze/StPO/154.html (keine www-Adressen!)

Einsatz am Hauptbahnhof

1 KStA, 26.11.2015 – www.ksta.de/koeln/so-viele-taschendiebstaehle-in-koeln-wie-noch-nie-sote-23341104 (Zugriff am 11.10.2016)
2 http://www.polizei-dein-partner.de/themen/diebstahl-betrug/detailansicht-diebstahl-betrug/artikel/taschendiebstahl-und-betrug-in-zahlen.html (Zugriff am 11.10.2016)
3 Günter Korn, Leiter des Kommissariats 43 (Taschendiebstahl) beim Pressegespräch der Polizei Köln zum Phänomen «nordafrikanische

Straftäter». Live-Übertragung auf PHOENIX («phoenix vor ort»; vom 15.01.2016)
4 Name geändert
5 «phoenix vor ort»; PHOENIX, 15.01.2016. Vgl. Anm. 11.
6 Frankfurter Allgemeine, 01.12.2015. – www.faz.net/aktuell/gesellschaft/kriminalitaet/koelner-polizist-ueber-taschendiebstahl-auf-weihnachtsmaerkten-13939324.html (Zugriff am 11.10.2016)
7 «phoenix vor ort», PHOENIX, 15.01.2016. Vgl. Anm. 11.
8 Günter Korn, a. a. O.
9 SPIEGEL ONLINE, 21.02.2016. – www.spiegel.de/politik/deutschland/clausnitz-und-die-attacke-auf-fluechtlinge-jetzt-will-es-keiner-gewesen-sein-a-1078492.html (Zugriff am 11.10.2016)
10 SPIEGEL ONLINE, 17.05.2015. – www.spiegel.de/panorama/justiz/hannover-bundespolizist-soll-fluechtlinge-gequaelt-haben-a-1034159.html (Zugriff am 11.10.2016)
11 NDR, 10.04.2016. – www.ndr.de/nachrichten/niedersachsen/hannover_weser-leinegebiet/Offenbar-keine-Misshandlung-durch-Bundespolizei,bundespolizist102.html (Zugriff am 11.10.2016)
12 DIE WELT, 17.03.2016 – www.welt.de/regionales/nrw/article153411299/Polizei-fordert-haerteren-Umgang-mit-Nordafrikanern.html (Zugriff am 11.10.2016).
NRW direkt, 18.03.2016 – nrw-direkt.net/problemgruppen-offen-benennen/ (Zugriff am 11.10.2016)
13 www.justiz.nrw.de/Gerichte_Behoerden/zahlen_fakten/statistiken/justizgeschaeftsstatistik/landgerichte/verfahrensdauer/straf_1instanz.pdf
14 KStA, 06.01.2012. – www.ksta.de/kriminalitaet-die-rueckkehr-der-taschendiebe-12056082 (Zugriff am 11.10.2016)
15 KStA, 26.11.15. – www.ksta.de/koeln/so-viele-taschendiebstaehle-in-koeln-wie-noch-nie-sote-23341104 (Zugriff am 11.10.2016)
16 WAZ.de, 23.04.2016 – www.derwesten.de/politik/koelner-verdaechtige-wurden-betreut-aimp-id11760759.html (Zugriff am 11.10.2016)
17 RP ONLINE, 29.06.2016 – www.rp-online.de/nrw/noch-mehr-als-2100-tatverdaechtige-aus-nordafrika-aid-1.6082962 (Zugriff am 11.10.2016)

18 Pressemitteilung d. Bundesregierung vom 17.03.2016 www.bundesregierung.de / Content / DE / Artikel/2016/01/2016-01-27-straffaellige-auslaender.html, sowie: dejure.org / gesetze / AufenthG / 54.html (Zugriff am 11.10.2016)
19 ZEIT ONLINE, 19.04.2016. – www.zeit.de / politik / ausland/ 2016-04 / nordafrika-sigmar-gabriel-fluechtlinge-rueckfuehrung-gescheitert
20 KStA 16.08.2016. – www.ksta.de / nrw / nrw-justizminister-kutschaty-ruecknahmevereinbarung-mit-maghreb-laendern-ist-praxisfern-24598062
21 Aktuelle Zahlen zu Asyl, August 2016, S. 3
Bundesministerium des Innern, 16.01.2016. www.bmi.bund.de / SharedDocs / Pressemitteilungen / DE/2016/01 / asylantraege-dezember-2015.html (Zugriff am 11.10.2016)
22 Bundeszentrale für politische Bildung, 14.09.2016. – www.bpb.de / politik / innenpolitik / flucht/218788 / zahlen-zu-asyl-in-deutschland#Antraege (Zugriff am 28.10.2016)
23 Aktuelle Zahlen zu Asyl, August 2016 – S. 3
24 Polizeiliche Kriminalstatistik für NRW 2015. Hrsg. vom Landeskriminalamt Nordrhein-Westfalen. – S. 21
25 Ebd. – S. 20
26 Polizeiliche Kriminalstatistik 2015. Hrsg. vom Bundesministerium des Innern. Berlin, 2016. S. 41 (Zugriff am 11.10.2016)
27 Amt für Statistik Berlin-Brandenburg, Pressemitteilung Nr. 32 vom 18.02.2016. – www.statistik-berlin-brandenburg.de / pms / 2016/16-02-18a.pdf (Zugriff am 11.10.2016)
28 KStA, 19.02.16. – www.ksta.de / koeln/-koeln-tourismus--bilanz-koeln-lockt-immer-mehr-touristen-an-23602842 (Zugriff am 11.10.2016)
29 Polizeiliche Kriminalstatistik für NRW 2015, S. 47
30 Polizeiliche Kriminalstatistik 2015, S. 70
31 ZEIT online, 21. März 2016. www.zeit.de / gesellschaft / zeitgeschehen/2016-03 / fluechtlinge-kriminalitaet-auslaender-polizeiliche-kriminalstatistik (Zugriff am 11.10.2016)
32 ZEIT online, 21. März 2016, a.a.O.

33 Deutschlandradio Kultur, 01.02.2016. -www.deutschlandradio-kultur.de / soko-asyl-in-braunschweig-eine-sehr-kleine-anzahl-von.976.de.html?dram:article_id=344254 (Zugriff am 11.10.2016)
34 Ulf Küch: Soko Asyl. Eine Sonderkommission offenbart überraschende Wahrheiten über Flüchtlingskriminalität. München 2016. – S. 25 ff.
35 Ulf Küch: Soko Asyl. S. 85
36 Ulf Küch: Soko Asyl. S. 87 f.
37 ZEIT ONLINE, 22.06.2016. – www.zeit.de / zeit-magazin/2016-06/ henriette-reker-armlaenge-aeusserung-fehler vom. (Zugriff am 11.10.2016) Bei Veröffentlichung des Berichts des nordrhein-westfälischen Innenministeriums im April wurde die Zahl in der ZEIT wie in anderen Medien noch mit 103 Algeriern und Marokkanern bei 153 Tatverdächtigen angegeben. www.zeit.de / politik / deutschland/2016-04 / sexuelle-uebergriffe-silvesternacht-in-koeln-tatverdaechtige-ausland (Zugriff am 11.10.2016).
Der Tagesspiegel nennt gar 78 Algerier und 76 Marokkaner, sowie 34 Iraker, 25 Syrer, 8 Tunesier und 6 Afghanen bei 153 Beschuldigten, ohne zu erklären, wie es kommt, dass nach dieser Rechnung die Zahl der nach ihrer Nationalität Aufgeführten die Gesamtzahl der Beschuldigten übersteigt.
Tagesspiegel.de, 01.09.2016. – www.tagesspiegel.de / politik / silvesternacht-in-koeln-nur-wenige-taeter-werden-bestraft/14488686.html (Zugriff am 11.10.2016)
38 KStA, 24.09.2016. – www.ksta.de / koeln / koelner-silvesternacht-neue-ermittlungen-gegen-300-tatverdaechtige-24798718 (Zugriff am 11.10.2016)
39 WAZ.de, 17.01.2016. – www.derwesten.de / politik / marokkaner-kommen-auf-dem-syrer-ticket-nach-deutschland-id11469389.html#plx1135464577 (Zugriff am 11.10.2016)
40 Deutschlandfunk.de, 11.01.2016. – www.deutschlandfunk.de / asylsuchende-immer-mehr-nordafrikaner-reisen-ein.1773.de.html?dram:article_id=342092 (Zugriff am 11.10.2016)
41 WAZ.de, 20.01.2016. – www.derwesten.de / politik / viele-nordafrikaner-in-nrw-sind-als-syrer-unterwegs-id11481817.html?onepage=true#plx1091746212 (Zugriff am 11.10.2016)

42 Deutschlandfunk.de, 11.01.2016, a.a.O. (Zugriff am 11.10.2016). Badische Zeitung, 02.02.2016 – www.badische-zeitung.de / deutschland-1 / viele-junge-nordafrikaner-leben-schon-lange-illegal-in-europa--116949299.html (Zugriff am 11.10.2016)
43 Deutschlandfunk.de, 11.01.2016, a.a.O. (Zugriff am 11.10.2016)
44 Zwar flüchten durchaus zunehmend auch Frauen und Kinder aus den Maghreb-Staaten, ihre Zahl erreicht aber bei weitem nicht die der männlichen Flüchtlinge. Für Marokko beispielsweise verzeichnete das UNHCR Anfang 2016 einen Anteil von 16 % Frauen und 11 % Kindern, die sich weltweit auf der Flucht befanden. Süddeutsche Zeitung, 04.02.2016.- www.sueddeutsche.de / politik / fluechtlinge-tatsaechlich-sind-sehr-sehr-viele-frauen-und-kinder-unterwegs-1.2848454 (Zugriff am 11.10.2016)
45 Frankfurter Allgemeine, 20.02.2016. – www.faz.net / aktuell / politik / ausland / afrika / flucht-aus-marokko-wer-etwas-werden-will-macht-sich-nach-deutschland-auf-14079892.html?printPagedArticle=true#pageIndex_2 (Zugriff am 11.10.2016)
46 Badische Zeitung, 02.02.2016, a.a.O.
47 Isabelle Werenfels von der Stiftung Wissenschaft und Politik in: Badische Zeitung, 02.02.2016, www.badische-zeitung.de / deutschland-1 / viele-junge-nordafrikaner-leben-schon-lange-illegal-in-europa--116949299.html (Zugriff am 11.10.2016)
48 Süddeutsche Zeitung, 12. Januar 2016, www.sueddeutsche.de/ panorama/tatverdaechtige-in-koeln-warum-viele-marokkaner-unter-den-koelner-verdaechtigen-sind-1.2814644 (Zugriff am 11.10.2016)
49 Badische Zeitung, 02.02.2016, www.badische-zeitung.de / deutschland-1 / viele-junge-nordafrikaner-leben-schon-lange-illegal-in-europa--116949299.html (Zugriff am 11.10.2016)
50 Daten vom Januar 2016. WAZ.de, 17.01.2016, a.a.O. www.derwesten.de / politik / marokkaner-kommen-auf-dem-syrer-ticket-nach-deutschland-id11469389.html#plx1135464577 (Zugriff am 11.10.2016)
51 Ebd., S. 23
52 Bundesamt für Migration und Flüchtlinge (BAMF), 07.06.2016.

-www.bamf.de / SharedDocs / Meldungen / DE/2016/20160606-asylgeschaeftsstatistik-mai.html

53 BAMF: Aktuelle Zahlen zu Asyl, August 2016. (Zugriff am 11.10.2016) – www.bamf.de / SharedDocs / Anlagen / DE / Downloads / Infothek / Statistik / Asyl / aktuelle-zahlen-zu-asyl-august-2016.pdf?__blob=publicationFile. (Zugriff am 11.10.2016) Für die Top Ten 2015: Aktuelle Zahlen zu Asyl, Dezember 2015. bamf.de / SharedDocs / Anlagen / DE / Downloads / Infothek / Statistik / Asyl / aktuelle-zahlen-zu-asyl-dezember-2015.pdf?__blob=publicationFile. – S. 9 (Zugriff am 11.10.2016)

54 KStA, 28.12.2014. – www.ksta.de / koeln / jahresrueckblick-so-war-das-jahr-2014-in-koeln-938204 (Zugriff am 11.10.2016)

55 KStA, 11.05.16. – www.ksta.de / koeln / polizisten-angegriffen-mehr-als-dreieinhalb-jahre-haft-fuer-hogesa-randalierer-24041396 (Zugriff am 11.10.2016)

56 KStA, 26.10.14. – www.ksta.de / koeln / innenstadt/--sote-hooligans-gegen-salafisten-demo-491498 (Zugriff am 11.10.2016)

57 KStA, 28.12.2014. – www.ksta.de / koeln / jahresrueckblick-so-war-das-jahr-2014-in-koeln-938204 (Zugriff am 11.10.2016)

58 Interview im Deutschlandfunk am 5. Januar 2016. – www.deutschlandfunk.de / uebergriffe-in-koeln-wir-waren-da-wir-haben-es-nicht-gesehen.694.de.html?dram:article_id=341571 (Zugriff am 11.10.2016)

59 Posting vom 4. Januar 2016. – www.facebook.com / regina.schleheck / posts/1024621834227118 (Zugriff am 11.10.2016)

60 KStA, 23.03.2016. – www.ksta.de / koeln / ordnungsamt-panik-auf-der-hohenzollernbruecke-gab-es-schon-silvester-2014-23770074 (Zugriff am 11.10.2016)

61 KStA, 18.04.2016. – www.ksta.de / koeln / silvesternacht-sicherheitsdienst-suchte-erst-kurzfristig-nach-personal-23910616 (Zugriff am 11.10.2016)

62 KStA, 30.04.2016.- www.ksta.de / koeln / geheime-silvester-dokumente-wie-das-ordnungsamt-in-der-silvesternacht-versagt-hat-23978532-seite2 (Zugriff am 11.10.2016)

63 Erst nach den Silvestervorfällen ließ die Stadt vor dem Bahnhof Flutlichtanlagen aufbauen.

64 KStA, 23.03.2016 – www.ksta.de/koeln/ordnungsamt-panik-auf-der-hohenzollernbruecke-gab-es-schon-silvester-2014-23770074 (Zugriff am 11.10.2016)
65 KStA, 30.04.2016.- www.ksta.de/koeln/geheime-silvester-dokumente-wie-das-ordnungsamt-in-der-silvesternacht-versagt-hat-23978532 (Zugriff am 11.10.2016)
66 KStA, 19.04.2016. – www.ksta.de/koeln/silvesternacht-polizeipraesidium-strich-passagen-in-gefahrenanalyse-23915762 (Zugriff am 11.10.2016)
67 Ebd.
68 «Hundertschaft» bedeutet nicht unbedingt, dass hundert Beamte vor Ort sind.
69 Ursprünglich hatte der Leitende Polizeidirektor die Anzahl der Polizisten vor Ort mit 143 angegeben. Nach einer Anfrage des EXPRESS musste die Kölner Polizei diese Angabe Mitte März nach unten korrigieren. – Express, 16.03.2016. – www.express.de/news/politik-und-wirtschaft/nur-80-beamte-im-einsatz--polizei-korrigiert-angaben-zur-koelner-silvesternacht--23738918 (Zugriff am 11.10.2016)

Bedingt einsatzfähig – was die Arbeit der Polizei sabotiert

1 DIE WELT, 22.03.2016. – www.welt.de/politik/deutschland/article153540548/Bundespolizei-aechzt-unter-drei-Millionen-Ueberstunden.html
2 Website der Gewerkschaft der Polizei (GdP), 30.08.2016.- www.gdp.de/gdp/gdp.nsf/id/de_gdp-nrw-schoenrechnerei-bei-den-ueberstunden-hilft-keinem- (Zugriff am 11.10.2016)
3 Website der GdP-Kampagne «Wir brauchen Verstärkung». – www.wir-brauchen-verstaerkung.info/der-ueberstundenberg/ (Zugriff am 11.10.2016)
4 RP ONLINE, 18.08.2016. – www.rp-online.de/politik/deutschland/gewerkschaften-polizeibeamte-haben-21-millionen-ueberstunden-angehaeuft-aid-1.6195328 (Zugriff am 11.10.2016)
5 GdP, 30.08.2016. – www.gdp.de/gdp/gdp.nsf/id/de_gdp-nrw-schoenrechnerei-bei-den-ueberstunden-hilft-keinem- (Zugriff am 11.10.2016)

6 GdP, 24.11.2015. – www.gdp.de/gdp/gdpsac.nsf/id/DE_GdP-Polizei-braucht-Verstaerkung (Zugriff am 11.10.2016)
7 Polizeiliche Kriminalitätsstatistik 2015, S. 32.
8 Website der GdP-Kampagne «Wir brauchen Verstärkung». – www.wir-brauchen-verstaerkung.info/einbrueche-im-minutentakt/ (Zugriff am 11.10.2016)
9 Die derzeit aktuellsten verfügbaren Daten betreffen das Jahr 2014: «Im Jahr 2014 wurden 571 Ermittlungsverfahren geführt (2013: 580 Ermittlungsverfahren), davon wurden 299 Verfahren neu eingeleitet.» Zit. nach: Bundesministerium des Inneren: Pressemitteilung 06.10.2015 «Bundeslagebild Organisierte Kriminalität 2014». – www.bmi.bund.de/SharedDocs/Pressemitteilungen/DE/2015/10/ok-lagebild-2014.html (Zugriff am 11.10.2016)
10 DIE WELT, 20.11.2014. – www.welt.de/politik/deutschland/article134557435/Organisiertes-Verbrechen-bedroht-auch-Normalbuerger.html (Zugriff am 11.10.2016)
11 Website der GdP-Kampagne «Wir brauchen Verstärkung». – www.wir-brauchen-verstaerkung.info/fakt/organisierte-kriminalitaet-vor-der-haustuer/ (Zugriff am 11.10.2016)
12 Name geändert
13 Name geändert
14 ZEIT online, 18.02.2016.- www.zeit.de/gesellschaft/zeitgeschehen/2016-02/koeln-silvester-untersuchungsausschuss-polizei/komplettansicht?print (Zugriff am 11.10.2016)
15 KStA, 13.09.2016. – www.ksta.de/koeln/erhoehte-polizeipraesenz-deutlicher-rueckgang-der-kriminalitaet-in-koeln-24739944 (Zugriff am 11.10.2016)
16 KStA, 13.09.16.- www.ksta.de/koeln/-schutzzone-dom--so-will-polizeipraesident-mathies-den-koelner-dom-schuetzen-24739618 (Zugriff am 11.10.2016)
17 3404 Straftaten im gesamten Jahr 2015 standen 1641 Taten im Zeitraum Januar bis Juni 2016 gegenüber. KStA, 06.07.16. – www.ksta.de/koeln/polizeistatistik-kriminalitaet-am-koelner-hauptbahnhof-sinkt-stark-24348446 (Zugriff am 11.10.2016)

18 Süddeutsche Zeitung, 19.03.2016. – www.sueddeutsche.de/politik/terror-in-paris-festgenommener-salah-abdeslam-eine-spur-fuehrt-nach-ulm-1.2914976 (Zugriff am 11.10.2016)
19 GdP, 24.11.2015. – www.gdp.de/gdp/gdp.nsf/id/DE_GdP-startet-bundesweite-Kampagne-gegen-Personalabbau (Zugriff am 11.10.2016)
20 Parvin Sadigh: Terror oder Amok? ZEIT online, 19.07 2016. – www.zeit.de/gesellschaft/zeitgeschehen/2016-07/attentaeter-amok-terror-attentate-nizza-orlando (Zugriff am 11.10.2016)
21 Augsburger Allgemeine, 24.09.2014.- www.augsburger-allgemeine.de/bayern/Bayerische-Polizei-hat-zu-wenig-Cybercops-id31449132.html (Zugriff am 11.10.2016)
22 Ebd.
23 heise online, 30.08.2016.- www.heise.de/newsticker/meldung/Bundeslaender-bauen-Ermittlungsbehoerden-gegen-Cybercrime-aus-3307277.html (Zugriff am 11.10.2016)
24 Website der GdP-Kampagne «Wir brauchen Verstärkung» – www.wir-brauchen-verstaerkung.info/fakt/die-gefahr-aus-dem-netz/ (Zugriff am 11.10.2016)
25 Stuttgarter-Zeitung.de, 17.02.2015. – www.stuttgarter-zeitung.de/inhalt.terrorismus-in-deutschland-polizei-fuehlt-sich-nicht-gewappnet.14e04cdf-dd3b-4089-92bf-221b3a488df1.html (Zugriff am 11.10.2016)
26 ZEIT online, 07.09.2014.- www.zeit.de/gesellschaft/2014-09/polizei-migration-studie (Zugriff am 11.10.2016)
27 Namen geändert
28 Wilhelm Stratmann und Christoph Keller: Interkulturelle Kompetenz in der Polizei NRW.- www.bamf.de/SharedDocs/CLS-DB/AnsprechpartnerExperten/532/stratmann-anlage%202.pdf?__blob=publicationFile (Zugriff am 11.10.2016)
29 Leenen/Grosch/Groß (Hrsg.), Bausteine zur interkulturellen Qualifizierung der Polizei, 2005, S. 337.
30 Beschusshemmende Westen – so der Fachausdruck – werden in Deutschland in vier verschiedene Schutzklassen (SK 1–4) ein-

geteilt, die vom Schutz vor Kurzwaffenmunition mit Weichkern (SK 1) bis zu Langwaffenmunition mit Vollmantel und Hartkern (SK 4) reichen.

31 Das Land NRW war keineswegs allein mit seinem Versäumnis. Auch der Bundestag musste für die Supportverlängerung tief in die Tasche greifen: T-online Portal/Computer, 15.12.2014. – www.t-online.de/computer/software/id_72184228/windows-xp-bundestag-zahlt-119-000-euro-fuer-verlaengerten-support-.html (Zugriff am 11.10.2016)

32 Antwort der Landesregierung NRW auf die Kleine Anfrage 2188 vom 9. April 2014 des Abgeordneten Daniel Schwerd (PIRATEN) www.landtag.nrw.de/portal/WWW/dokumentenarchiv/Dokument?Id=MMD16/5916&quelle=alle (Zugriff am 11.10.2016)

33 www.landtag.nrw.de/portal/WWW/dokumentenarchiv/Dokument/MMD16-9177.pdf (Zugriff am 11.10.2016)

34 Manche Anwendungen funktionieren unter neueren Windows-Versionen nicht mehr, weil dafür keine Treiber veröffentlicht wurden. Das gilt für Programme, die nicht mehr länger unterstützt werden – meist weil sie als überholt angesehen werden.

35 Focus online, 29.10.2015. – www.focus.de/politik/deutschland/die-gruende-sind-vielfaeltig-beaengstigende-zahlen-aus-nrw-warum-eine-halbe-million-notrufe-unbeantwortet-bleiben_id_5050089.html (Zugriff am 11.10.2016)

36 NRW ist mit seinen digitalen Defiziten nicht allein. Auch für Hamburg mahnte der Vorsitzende des Bundes Deutscher Kriminalbeamter, Jan Reinecke, 2014 dringenden Handlungsbedarf an. – Heise online, 05.05.2014. – www.heise.de/newsticker/meldung/Tatmittel-Internet-Ermittler-fordern-bessere-Polizei-Computer-2182193.html (Zugriff am 11.10.2016)

37 Süddeutsche Zeitung, 02.09.2016. – www.sueddeutsche.de/bayern/statistik-polizisten-werden-immer-haeufiger-von-menschen-gebissen-1.3145636 (Zugriff am 11.10.2016)

38 GdP Bremen, 19.03.2015. – www.gdp.de/gdp/gdphb.nsf/id/DE_Infektionsschutz (Zugriff am 11.10.2016)

39 ZEIT online, 30.11.2012. – www.zeit.de/wissen/gesundheit/

2012-11 / sachsen-anhalt-hiv-aids-zwangstest-risikogruppen / komplettansicht (Zugriff am 11.10.2016)

40 Deutschlandradio Kultur, Sendung «Studio 9», 29.07.2016. – www.deutschlandradiokultur.de / moegliche-anschlaege-in-berlin-wie-gefaehrlich-sind-die.2165.de.html?dram:article_id=361552 (Zugriff am 12.10.2016)

41 WAZ.de, 09.01.2012. – www.derwesten.de / region / polizei-nrw-muss-im-21-jahrhundert-ankommen-id6227988.html (Zugriff am 12.10.2016)

42 KStA, 11.07.2016. – www.ksta.de / politik / polizeibeamter-berichtet-funknetz-war-in-der-silvesternacht-zeitweise-ausgefallen-24380364 (Zugriff am 12.10.2016)

43 Name geändert

44 DER SPIEGEL 14/2010 (Printausgabe). – www.spiegel.de / spiegel / print / d-69821740.html (Zugriff am 12.10.2016)

45 Irmtraud Beerlage (u.a.): Arbeitsbedingungen und Organisationsprofile als Determinanten von Gesundheit, Einsatzfähigkeit sowie von haupt- und ehrenamtlichem Engagement bei Einsatzkräften in Einsatzorganisationen des Bevölkerungsschutzes. Magdeburg, Stendal, 2009. S. 179 – www.gesundheit-im-einsatzwesen.de/ 02Dokumente / Berichte/090930_Abschlussbericht_Public.pdf (Zugriff am 12.10.2016)

46 Die Zahl der Angriffe und Angreifer hat sich von 2006 bis 2010 fast verdoppelt. 2006 waren es noch 654 Angriffe, 2010 wurden bereits 1 228 verzeichnet. Im Jahr 2006 standen der Bundespolizei 787 Angreifer gegenüber, 2010 waren es 1 468. Im Ergebnis stieg auch die Anzahl der verletzten Polizeivollzugsbeamten von 211 im Jahr 2006 auf 436 im Jahr 2010. Vgl. Gerd Strohmeier und Christiana Gransow: Studie zur Berufszufriedenheit in der Bundespolizei (Strohmeier-Studie): Zusammenfassung und Bewertung der wesentlichen Ergebnisse. – S. 3: www.gdp.de / gdp / gdp.nsf / id / p110402/$file / StrohmeierStudie.pdf (Zugriff am 12.10.2016)

47 Ebd., S. 23

48 Gerd Strohmeier: Maßnahmenempfehlungen zur Reduzierung der Überbelastung und Sicherstellung der Aufgabenerfüllung in der

Bundespolizei, S. 4. www.gdpbundespolizei.de / wp-content / uploads / 2012/05 / Ma%C3 %9Fnahmenkatalog-TU-Chemnitz.dat_.pdf (Zugriff am 12.10.2016)
49 Ebd., S. 5
50 Gerd Strohmeier: Studie zur Berufszufriedenheit, S. 28
51 Strohmeier: Maßnahmenempfehlungen, S. 6
52 DIE WELT, 28.06.2015. – www.welt.de / politik / deutschland / article143174311 / Viele-ungeklaerte-Suizide-unter-Polizisten.html (Zugriff am 12.10.2016)
53 Ebd.
54 Ebd.

Und nun? Ein Nachwort

1 KStA, 22.09.16. – www.ksta.de / koeln / porz / terrorverdacht-in-koeln-bombe-des-festgenommenen-syrers-sollte-in-muelleimer-detonieren-24788100 (Zugriff am 12.10.2016)
2 Vgl. die Integrationsinitiative der schweizerischen Stadt Basel. – ZEIT online, 28.08.2016. – www.zeit.de/2016/36/basel-zuwanderung-integrationspflicht

Das für dieses Buch verwendete Papier ist FSC®-zertifiziert.